Il était une fois...

L'Argent Magique

JEAN-MARC DANIEL

Il était une fois... L'Argent Magique

CONTE ET MÉCOMPTES POUR ADULTES

le cherche midi

Vous pouvez consulter notre catalogue général
et l'annonce de nos prochaines parutions sur notre site :
www.cherche-midi.com

92, avenue de France
75013 Paris

Dépôt légal : mai 2021
ISBN 978-2-7491-6866-1

INTRODUCTION

Il était une fois un monde où l'argent coulait enfin en abondance. Telle était la promesse de quelques mages réputés, dont le savoir économique consistait à confondre la richesse et l'endettement. Nous n'étions pourtant pas au temps de Nicolas Flamel, le célèbre alchimiste du XIVᵉ siècle, nous étions en 2021.

Étrange situation car les Français avaient de longue date été alertés contre les dangers de l'alchimie. Retrouvons-nous en effet en février 1849. Michel Chevalier est alors le professeur d'économie du Collège de France. Il reprend le cours qu'il a dû interrompre un an auparavant à cause de la révolution de 1848. Il prononce sa « leçon inaugurale », c'est-à-dire le premier cours de sa session d'enseignement. Cette leçon a été publiée depuis sous le titre *L'Économie politique et le socialisme*[1]. Il y commente les dérives économiques de

1. On en trouvera entre autres une version aux éditions Belles Lettres avec un appareil critique réalisé par l'auteur de ce livre.

l'année 1848, une année, à bien des égards, exceptionnelle, ce qui n'est pas sans rappeler 2020. On trouve dans cette leçon inaugurale un passage qui s'applique parfaitement au débat économique qui s'est noué ces derniers temps. Il déclare en effet :

> « La nation française brille par l'éclat et la fécondité de son imagination. C'est le secret de ses triomphes dans une glorieuse carrière, celle des lettres et des arts. C'est une des causes de l'ascendant qu'elle a exercé tant de fois sur le monde. C'est sa force mais c'est aussi, malheureusement, sa faiblesse. Elle a la passion du merveilleux. Le soudain et l'imprévu la charment et l'entraînent. (…)
>
> Or précisément, l'économie politique[2] est une des branches de l'arbre des connaissances humaines où l'imagination a le moins de place. Elle se méfie du merveilleux, et le repousse. Elle traite par le procédé d'une froide analyse les importantes questions qui sont plus particulièrement de son ressort, celles qui touchent à la condition matérielle des hommes et à la richesse des sociétés.
>
> L'économie ne fait aucun cas de la pierre philosophale et de la panacée. Et chez nous, plus que chez d'autres peuples, on croit volontiers à ces merveilles. »

La réflexion économique est aujourd'hui envahie par le retour en force de la pensée alchimiste, cette pensée qui postule l'existence de la pierre philosophale dont

2. Au XIXe siècle, on parle d'économie politique ; aujourd'hui, on parle de science économique pour éviter l'ambiguïté attachée au mot « politique ». L'économie politique de Michel Chevalier est la science économique actuelle.

parle Michel Chevalier et la possibilité offerte par cette pierre philosophale de fabriquer de l'or.

Les politiques dites de soutien à l'économie mises en place pour essayer de limiter les conséquences de la Covid-19 illustrent ce retour. Elles ont consisté essentiellement à maintenir les revenus en substituant de la dette, publique ou privée, au travail. Résultat : elles ont fait exploser l'endettement mondial, et plus particulièrement sa composante publique. D'après le Fonds monétaire international (FMI), la dette publique planétaire devrait passer de 83 % du produit intérieur brut (PIB) – c'est-à-dire de la production – fin 2019 à 100 % fin 2021. À cette date, ce ratio pourrait dépasser 120 % en France, 160 % en Italie et… 265 % au Japon. En France, le montant de la dette publique était fin 2019 de 2 380 milliards d'euros. Il devrait être fin 2021 de 2 675 milliards d'euros.

Si la crise sanitaire a fortement creusé les déficits budgétaires, elle n'explique pas tout. En France, la dette publique est passée de 21 % du PIB en 1980 à 100 % en 2019. Cela veut dire que, depuis longtemps, nos dirigeants politiques marquent une certaine insouciance vis-à-vis de cette situation, même si dans leurs déclarations publiques ils défendent la nécessité d'inverser la tendance. Tout le monde se souvient des propos de François Fillon, Premier ministre, déclarant à l'été 2012 : « Je suis à la tête d'un État en faillite. » Il faut néanmoins rappeler qu'à l'époque les commentateurs s'étaient plus intéressés à l'assertion selon laquelle il était à la tête de l'État, alors qu'il n'était pas président de la République, qu'au diagnostic sur la situation dramatique des finances publiques.

Depuis, cette situation s'est aggravée au point de susciter, à juste titre, inquiétude, interrogation mais aussi propositions qui se veulent originales et inventives alors qu'en fait elles ne sont assez souvent que loufoques !

Au point où nous en sommes arrivés, il devient urgent de démonter les sophismes des alchimistes modernes. Il est plus que jamais nécessaire de mettre en garde nos concitoyens contre l'étrange fascination qu'exerce la prolifération de l'« argent magique » en rappelant que la substitution systématique de la dépense publique à la production privée et au travail ne peut assurer qu'une illusion de richesse ; et que le financement de cette dépense par l'explosion de la dette publique ne sera pas sans conséquences négatives sur notre niveau de vie futur.

Face au déluge actuel de prises de position plus ou moins saugrenues, l'ambition de cet ouvrage est donc de donner à son lecteur les moyens de se faire une opinion raisonnée, sinon raisonnable.

Chapitre 1

Argent magique, illusion tragique ?

Alors que les mesures de confinement prises à répétition pour endiguer la Covid-19 ont plongé les principales économies de la planète dans la récession, deux acteurs ont été présentés comme le recours ultime, seuls à même d'éviter la catastrophe. Il s'agit de l'État et de la Banque centrale. L'un et l'autre ont multiplié les annonces de plans de soutien dont les montants astronomiques sont supposés garantir la survie des entreprises et le maintien du niveau de vie de la population. Cette situation pose deux questions : la première à l'écoute de ces annonces qui donnent le tournis est évidemment : « D'où vient cet argent ? » ; la seconde est : « Cet argent dépensé sans compter est-il vraiment synonyme de richesse et n'est-il pas une illusion que le temps finira par dissiper ? »

À la première question, cruciale s'il en est, la réponse peut surprendre et inquiéter dans sa simplicité : cet argent vient de nulle part!

Il est en effet créé *ex nihilo*; raison pour laquelle on s'est mis à parler d'« argent magique ». Cette possibilité de créer de la monnaie à partir de rien, de réaliser le rêve des alchimistes d'une création d'or sans limites est l'aboutissement d'un long processus historique. Ce processus, au cours duquel s'est construit le système monétaire moderne, a paradoxalement ceci de particulier qu'il a conduit à l'élimination de l'or en tant que monnaie. Chose importante souvent ignorée, le maillon essentiel dans la création monétaire au sein de ce système moderne n'est ni l'État, qui naguère « battait monnaie », ni la Banque centrale, qui nourrit tous les fantasmes de la « planche à billets », mais le réseau des banques commerciales que l'on appelle parfois les « banques de second rang ». Pour bien comprendre cela, il faut revenir aux sources et décrire ce que fut le processus historique en question.

Monnaie

Assez curieusement, les économistes sont incapables de définir correctement la monnaie. On peut juste lui donner des fonctions qui l'associent à l'émergence d'un système de prix.

Ces fonctions sont au nombre de trois, à savoir :

- échanger de façon pratique, le troc étant peu commode ;
- attribuer à chaque bien un prix ;
- conserver dans le temps du pouvoir d'achat, c'est-à-dire préserver sur le long terme la valeur des choses. Cette préservation est aussi une fonction de l'épargne. Par convention, on considère qu'un actif financier qui ne change pas de main dans un laps de temps déterminé est une forme d'épargne. En revanche, un titre financier dont l'échéance et la rotation interviennent avant ce laps de temps est de la monnaie. Dans le sens le plus large, ce laps de temps est de deux ans, même si une vision plus restrictive de la monnaie le fixe à trois mois. Soyons concrets : un billet de banque oublié pendant plusieurs années dans un tiroir est de l'épargne ; mais un livret A d'épargne que l'on vide et recharge chaque mois est de la monnaie.

Cette dernière fonction de conservation du pouvoir d'achat se heurte au problème de l'inflation. Pour bien comprendre ce que ce mot recouvre, donnons-en une définition précise. Selon l'Insee :

> « L'inflation est la perte du pouvoir d'achat de la monnaie qui se traduit par une augmentation générale et durable des prix. (…) L'indice des prix à la consommation (IPC) est utilisé pour évaluer l'inflation. »

Toute augmentation des prix n'est pas assimilable à de l'inflation. Il faut que la hausse soit générale et durable. L'inverse de l'inflation, c'est-à-dire la baisse des prix, est la déflation.

Les qualités de la monnaie ainsi définies, intéressons-nous maintenant à sa quantité. Cette quantité qui repose sur le mécanisme de création/destruction monétaire dépend largement de l'objet retenu pour assumer les fonctions de la monnaie.

Certains de ces objets ont été décrits par les économistes comme particulièrement efficaces alors qu'*a priori* rien ne les prédestinait à jouer un rôle monétaire. Un exemple célèbre est ce qui s'est passé en Allemagne après 1945. La perte complète de confiance dans les billets de banque émis par ce qui restait d'autorités publiques et l'impossibilité évidente pour la population de se procurer de l'or avaient conduit celle-ci à adopter comme monnaie les cigarettes américaines. Cette monnaie, dont l'histoire fut courte, a été théorisée par les spécialistes comme une des plus remarquables de l'histoire. En effet, quand il y avait trop de monnaie en circulation, ce qui provoquait un début d'inflation, les détenteurs de monnaie… la fumaient! En revanche, quand elle commençait à manquer, assurant une augmentation du pouvoir d'achat du paquet de cigarettes, les Allemands se disciplinaient et fumaient moins. Une question turlupinait néanmoins les autorités d'occupation américaines : comment les Allemands se procuraient-ils les cigarettes en question ? En fait, comme dans le cas de l'augmentation, pour un pays utilisant l'or, de son stock de métal précieux, sans qu'une mine ne soit découverte et sans indemnité de guerre, c'est grâce à des excédents commerciaux que les Allemands réalisaient sur les troupes présentes en Allemagne que les cigarettes entraient en leur possession. Cela incita l'état-major américain à procéder rapidement à une réforme monétaire pour éliminer les cigarettes. En effet, les excédents commerciaux en question étaient le fruit quasi exclusif de la prostitution… Adopter comme outil monétaire une drogue – le tabac – dont l'introduction dans la société repose sur une activité criminelle – la prostitution – fut jugé peu convenable par Washington qui exigea qu'un terme soit mis rapidement à ce système…

Ce qui est intéressant dans cette histoire est de constater que l'usage non monétaire de l'objet utilisé comme monnaie conduisait à la stabilité des prix. Il se trouve que, pendant des siècles, l'objet utilisé comme monnaie, c'était essentiellement de l'or, cet or qui fascinait évidemment les alchimistes, mais également l'ensemble de la population. C'est ainsi que dans le premier acte du *Barbier de Séville* de Beaumarchais, Figaro s'exclame devant le comte Almaviva : « De l'or, mon Dieu, de l'or ! C'est le nerf de l'intrigue. »

Et nous allons voir de fait que cet or et ses propriétés auront été le « nerf de l'énigme » de l'argent magique…

À partir du VIe siècle avant J.-C. et de la décision de Crésus, roi de Lydie en Asie Mineure, de faire des pièces d'or sa monnaie, décision qui lui a valu la réputation d'être immensément riche, la monnaie et la politique monétaire ont relevé autant de la métallurgie et de la technique minière que de l'analyse financière. La première caractéristique de l'or est qu'il est assez difficile à obtenir. À part les moments où on découvre un gisement et ceux où un pays réussit à en rançonner un autre, sa quantité sur un territoire donné évolue peu, voire pas du tout. Dans l'histoire, la monnaie or a assez souvent manqué, maintenant une pression à la baisse des prix et freinant le développement du commerce. Les particuliers se sont adaptés, ajoutant à l'utilisation des métaux précieux économie de troc et innovations financières. Les souverains ont essayé de ruser. Ils se firent mercantilistes, c'est-à-dire promoteurs du développement des exportations pour capter une partie des stocks d'or et d'argent de leurs clients ; ils se firent guerriers pour s'emparer du Trésor de leurs voisins ; ils se firent métallurgistes en modifiant les teneurs en métal des pièces ; ils donnèrent le statut de monnaie à de nouveaux métaux, accroissant la masse monétaire mais suscitant la méfiance et la vindicte des foules.

Nous pourrions multiplier les exemples de ces dirigeants qui ont manipulé la monnaie et que l'histoire a finalement voués aux gémonies. Souvenons-nous par exemple de Philippe IV le Bel. Dante le surnomme « Pilate » dans *La Divine Comédie.* Il prend soin de ne jamais citer explicitement son nom car une des peines encourues au Moyen Âge par les faux-monnayeurs est l'anonymat. Pour remplir les caisses royales, Philippe le Bel multiplie les exactions : il dévalue la monnaie en réduisant la quantité de métal contenue dans chaque pièce ; en 1306, il expulse les Juifs et confisque leurs avoirs ; il s'abat sur les Templiers ; il réunit en 1314 les États généraux pour leur faire avaliser une hausse d'impôts applicable, pour la première fois dans l'histoire, à l'ensemble du royaume. Il meurt honni de tous le 29 novembre 1314. La haine suscitée par son règne éclate alors. Pour la calmer, son fils et héritier devenu roi sous le nom de Louis X fait pendre le 30 avril 1315 Enguerrand de Marigny, qui a joué auprès de lui un rôle proche de celui d'un ministre des Finances. Marigny est devenu la bête noire aussi bien du peuple que des grands féodaux emmenés par Charles de Valois, le frère de Philippe le Bel. Le traumatisme est tel que Charles V, affrontant les Anglais dans le cadre de la guerre de Cent Ans, reconstitue la légitimité royale en faisant du respect de la monnaie un impératif catégorique. Nicolas Oresme, son principal conseiller et auteur d'un *Traité des monnaies* qui a marqué l'histoire de la science économique, théorise la nécessaire stabilité monétaire à l'occasion de la création du franc en 1360, en écrivant :

« Le cours et le prix des monnaies doivent être au royaume comme une loi et une ferme ordonnance, qui nullement ne se doit ni muer ni changer. »

Au XVIe siècle, grâce à l'afflux de métaux précieux lié à la découverte de l'Amérique, les « faux-monnayeurs » s'effacent pour un temps. Le XVIIe siècle retrouve les affres de Philippe le Bel et promeut le mercantilisme. Le manque de monnaie débouche sur la rapine généralisée et des guerres à répétition où le vainqueur importe de l'inflation et le vaincu sombre dans la déflation. L'idée naît alors de changer la nature de la monnaie et les règles de sa création.

Quand le banquier se substitue à l'orpailleur et au mineur

La seconde caractéristique de l'or, outre sa rareté relative, est son poids. De faibles quantités d'or se révèlent rapidement très lourdes et donc difficiles à manier. L'extension géographique des échanges a été freinée par cette difficulté, si bien que le monde du commerce, indépendamment de l'action du prince[3], a cherché à la contourner. Cela l'a conduit à utiliser lors de ses déplacements des billets à ordre. Ceux-ci pouvaient être échangés contre de l'or en tout lieu bénéficiant de la présence d'une agence bancaire. Tandis

3. C'est-à-dire du gouvernement souverain, quel qu'il soit.

que le prince « bat monnaie », c'est-à-dire fabrique des pièces, la banque entretient un réseau où elle reçoit ces pièces sous forme de dépôts et met simultanément en circulation des billets convertibles en or et « aussi bons que l'or » (*« as good as gold »*).

De façon très pragmatique, la banque s'est rapidement convaincue qu'il était absurde de laisser inactif l'or qui s'accumule dans ses caisses, si bien que, progressivement, elle l'a remis en circulation en le prêtant.

Supposons qu'une banque reçoive « 100 » en pièces d'or. Elle émet *ipso facto* l'équivalent sous forme de billets. Puis, sur les 100 reçus sous forme d'or, elle décide d'en prêter 80. L'emprunteur, pour des raisons de commodité d'usage et de transport, raisons qui étaient déjà celles du premier déposant, lui rapporte cet or et lui demande des billets. Il y a dès lors toujours 100 en or dans les caisses de la banque mais elle a mis en circulation l'équivalent de 180 en billets. C'est le début de « l'or magique »...

La banque recommence le processus et prête de nouveau une partie de l'or – disons 60 – qui, selon le même schéma, lui revient quasi instantanément. Ainsi, ayant reçu 100 en or, la banque reprête cet or successivement à diverses personnes, opérant simplement pour des raisons de sécurité une réfaction sur la quantité qu'elle remet en circulation. Elle reprête chaque fois γ fois la somme qu'on lui a rapportée (γ en grec, comme c en latin, première lettre à la fois de crédit et confiance en français, *credit* et *confidence* en anglais), avec γ inférieur à 1.

La quantité totale de billets qu'elle a mise en circulation est :

$$100 \times (1 + \gamma + \gamma^2 + \ldots + \gamma^n + \ldots)$$

Un résultat mathématique élémentaire indique que cette expression est égale à 100 / (1 – γ). C'est-à-dire que la quantité de billets mise en circulation par les banques, encore appelée la monnaie fiduciaire, est égale à :

$$\text{Quantité d'or} / (1 - \gamma)$$

Si la banque n'est pas prudente, γ = 1. La quantité de monnaie fiduciaire est alors infinie. Si elle est très timorée, γ = 0 et la quantité de monnaie en circulation est strictement égale à la quantité initiale d'or.

L'émergence d'une structure bancaire est à l'origine d'un système de création de monnaie fiduciaire selon le schéma :

Dépôt --------- Crédit --------- Dépôt

La masse monétaire créée est la somme de tous les équivalents or que les banques ont mis en circulation, de tous les engagements de fournir de l'or qu'elles ont pu prendre. Cet ensemble d'engagements se trouve inscrit à leur passif, si bien que, pour calculer la masse monétaire, il suffit d'additionner les passifs des banques, nets de leurs fonds propres. Dans ce système, la création de monnaie est limitée par deux éléments : le stock d'or et le montant de γ, qui régit le comportement des banques et repose sur ce que l'on appelle « les règles prudentielles ». Ces règles sont issues soit de l'expérience des banques et de l'image de sérieux et de rigueur qu'elles tiennent à conserver, soit de décisions prises par les pouvoirs publics. En théorie, la quantité de monnaie peut néanmoins tendre vers l'infini : il suffit d'assouplir les règles prudentielles au point de laisser γ tendre vers 1. En pratique, la prudence qui s'impose pour que les billets et les comptes courants qui se substituent peu à peu à eux sous le nom de monnaie scripturale soient toujours considérés par la population comme *as good as gold* détermine *in fine* la dynamique de création de monnaie. De fait, si un décalage trop manifeste se fait entre l'or et « l'or magique » de la masse monétaire, le système court le risque de devoir affronter ce que l'on appelle un *« bank run »*, c'est-à-dire la ruée des clients inquiets pour obtenir le remboursement en or des titres monétaires qu'ils détiennent.

Pour contrarier le plus possible les *bank runs* potentiels, les autorités ont non seulement joué sur les règles prudentielles, mais elles ont également multiplié les astuces : mettre des obstacles à la convertibilité en or, augmenter la valeur du stock d'or en dévaluant, c'est-à-dire en réduisant la quantité physique d'or à laquelle on a droit par unité monétaire…

Jusqu'à ce que s'impose une idée simple mais radicale : éliminer l'or.

L'opération a été menée tambour battant au XXe siècle, en deux temps, trois mouvements. Le premier temps a lieu le 21 septembre 1931. Ce jour-là, la Banque d'Angleterre suspend la convertibilité or de la livre sterling. Son gouverneur s'appelle Montagu Norman. Quand il prend ses fonctions en 1920, ses convictions sont bien arrêtées : la monnaie ne peut qu'être de l'or ou, comme le disent les Anglais, *as good as gold.* Après la victoire sur Napoléon Ier, la convertibilité or de la livre a été rétablie en 1819, soit quatre ans après la fin des hostilités. Il faut donc cette fois encore, à l'issue de la Première Guerre mondiale pendant laquelle cette convertibilité avait été interrompue, la rétablir en quatre ans. Pour ce faire, il mène une politique monétaire de déflation qui lui permet, au printemps 1925, d'imposer à Winston Churchill, alors chancelier de l'Échiquier (le ministre des Finances), le retour à la parité de la livre de 1913. Norman est sûr de son fait, bien que la situation économique du Royaume-Uni ait tendance à s'aggraver et que se multiplient les critiques dénonçant la surévaluation de la livre, dont celles de John Maynard Keynes, le célèbre économiste anglais que nous aurons l'occasion de recroiser. La crise de 1929 change la donne. Elle amplifie le déséquilibre du commerce extérieur britannique. La défiance s'installe, la livre est attaquée. De janvier à juillet 1931, la Banque d'Angleterre doit décaisser 20 % de son or. Le 21 septembre 1931, le gouvernement britannique informe la Banque d'Angleterre de sa décision de renoncer à défendre la livre. Elle devient flottante. En deux mois, son cours passe de 4,86 à 3,25 dollars. L'Angleterre qui a fait de l'or l'alpha et l'oméga de la monnaie, l'Angleterre qui assumait avec fierté le rôle d'héritière de Crésus vient de reculer.

En 1944, à Bretton Woods, les Américains remettent formellement l'or au centre du système. Mais ce n'est que pour un temps. En fait, jusqu'au 15 août 1971, quand le président des États-Unis Richard Nixon décide de rendre le dollar inconvertible en or ; ou plus précisément jusqu'au lundi 19 mars 1973. Ce jour-là, c'est le deuxième temps qui commence réellement. L'ouverture des marchés des changes, ces marchés sur lesquels les banques achètent et vendent des devises, se fait dans la fébrilité. Après une première dévaluation en décembre 1971 qui a fait passer le prix de l'once d'or de 35 dollars – cours remontant à janvier 1934 – à 38 dollars, cours qui pourtant était supposé permettre de réintroduire l'or dans le système, le dollar vient de nouveau d'être dévalué. Tout le monde de se demander si le nouveau cours (42,20 dollars l'once) est cette fois tenable. La réponse ne tarde pas, les opérateurs vendant massivement leurs dollars pour de l'or ou du deutsche mark allemand. Pour enrayer cette véritable fuite, la réponse naturelle serait de faire monter les taux d'intérêt aux États-Unis afin d'inciter les banques à y maintenir leurs liquidités. Mais l'administration Nixon renonce, préférant abandonner le dollar aux fluctuations du marché : c'est le début des changes flottants. L'épilogue a lieu à l'assemblée générale du FMI en janvier 1976, à Kingston, en Jamaïque. Les Américains y font entériner deux de leurs décisions précédentes : d'une part, la fin de la convertibilité or du dollar, amorcée en pratique par Richard Nixon le 15 août 1971 ; d'autre part, l'instauration des changes flottants. Fin de partie donc pour Bretton Woods, surtout disparition historique de l'or du paysage monétaire.

Kingston est une étape fondamentale dans l'histoire de la monnaie car on y entérine la rupture avec la tradition multiséculaire d'une monnaie directement ou indirectement matérielle.

Cette évacuation spectaculaire laisse néanmoins en héritage les pratiques du système bancaire. En effet, les banques continuent à créer de la monnaie selon le mécanisme de crédit mais sans l'adosser à un dépôt initial, qu'il soit d'or ou de quelque autre forme de monnaie.

La séquence de la création monétaire, qui est toujours actuelle, devient la suivante :

Crédit --------- Dépôt --------- Crédit

Ce mécanisme se résume dans la formule : « Les crédits font les dépôts ». En anglais, cela donne *« Loans make deposits »*, expression que les économistes du monde entier rappellent avec insistance, notamment à leurs étudiants quand ils sont enseignants.

Dans le bilan comptable des banques d'aujourd'hui, les crédits apparaissent à l'actif et les dépôts que leurs clients peuvent convertir à tout instant en dépenses au passif. Si bien que l'on définit encore aujourd'hui μ – la masse monétaire – comme la somme du passif des banques, nette de leurs fonds propres et des prêts que les banques se consentent entre elles. Autrement dit la monnaie d'aujourd'hui n'est plus de l'or – ni des cigarettes américaines – mais des crédits consentis par les banques.

Tandis que le passif des banques mesure la masse monétaire, l'actif constitue ce que l'on appelle les contreparties de la masse monétaire. On décompose ces contreparties en trois blocs en fonction de la nature économique des emprunteurs : la contrepartie « Trésor public », où se trouve la dette publique portée par les banques, la contrepartie « investisseurs privés », et la contrepartie « actifs étrangers », ces actifs étant ceux en devises autres que celle du pays d'origine de la banque. Ces trois blocs correspondent au risque que prennent les banques. Normalement, les prêts au Trésor public sont sûrs. Ceux aux investisseurs privés sont garantis par les actifs des investisseurs en question, avec le risque de surévaluation possible de ces actifs. Les prêts à l'étranger sont supposés être les plus aléatoires et les plus risqués. Précisons qu'à l'actif des banques on trouve par ailleurs les prêts qu'elles se consentent entre elles et en particulier le compte courant dont elles disposent auprès de la Banque centrale. En résumé, la création monétaire correspond à l'accroissement du passif des banques selon le principe fondamental : « Les crédits font les dépôts. »

Elle naît de la décision d'une banque d'accorder un crédit sur la base d'un projet à un de ses clients, client qui est soit privé, soit public. La création monétaire repose sur l'activité des banques commerciales. La monnaie d'aujourd'hui est créée *ex nihilo*, sur la base de l'analyse que fait la banque de la pertinence économique des projets de l'emprunteur. On parle alors de « commerce des promesses », l'emprunteur prenant l'engagement – « faisant la promesse » – vis-à-vis de la banque de créer la richesse qui permettra de rembourser le prêt et d'en payer les intérêts.

Fait important : si le crédit bancaire a pour conséquence d'augmenter la masse monétaire, sa contraction a le résultat inverse. C'est-à-dire que chaque fois qu'un client d'une banque lui rembourse une partie des emprunts qu'il a contractés, cela se traduit par une baisse des dépôts et une réduction de la quantité de monnaie en circulation. Dans les années 1930, l'économiste américain Irving Fisher avait fait de ce mécanisme une des causes du développement de la crise. Craignant de ne pas pouvoir rentrer dans leurs fonds, les banques auraient exigé de leurs clients une accélération du remboursement de leurs prêts, réduisant de ce fait la quantité de monnaie en circulation. Ce qui aurait abouti à une baisse générale des prix et à un attentisme assassin pour l'économie. C'est la théorie de la « déflation par la dette » et de ses dégâts, dégâts auxquels John Maynard Keynes a prétendu apporter une réponse : substituer de la dette publique à la dette privée afin de maintenir la quantité de monnaie en circulation. On trouve là une justification à l'endettement public dont on doit se demander si elle est de nos jours pertinente.

Mais avant d'en arriver là, les économistes se sont surtout demandé comment la liberté de prêter dont bénéficient les banques conditionne le fonctionnement de l'économie.

Répondre aux angoisses de Maurice Allais, prix Nobel 1988 : autorégulation et régulation par la Banque centrale

La question concrète qui se pose est en effet : qu'est-ce qui limite la banque dans l'attribution de crédits ?

La banque d'autrefois était limitée dans son action de prêteur par l'or et les règles prudentielles. Mais celle d'aujourd'hui ? *A priori*, rien ne la limite, si ce n'est le nombre d'emprunteurs potentiels porteurs de projets d'investissement rentables.

En 1998, commentant les déboires économiques de certains pays asiatiques, dont en premier lieu la Thaïlande, Maurice Allais, prix Nobel d'économie 1988, constatait cette absence de limites pour en dénoncer les dangers et les effets pervers. Il écrivait :

> « De tout temps, on a pu parler des “miracles du crédit”. Pour les bénéficiaires du crédit, il y a effectivement quelque chose de miraculeux dans le mécanisme du crédit puisqu'il permet de créer *ex nihilo* un pouvoir d'achat effectif qui s'exerce sur le marché, sans que ce pouvoir d'achat puisse être considéré comme la rémunération d'un service rendu.
>
> Cependant, autant la mobilisation d'“épargnes vraies” par les banques pour leur permettre de financer des investissements productifs est fondamentalement utile, autant la création de “faux droits” par la création monétaire est fondamentalement nocive, tant du point de vue de l'efficacité économique qu'elle compromet par les distorsions de prix qu'elle suscite que du point de vue de la distribution des revenus qu'elle altère et rend inéquitable[4]. »

Si Maurice Allais utilise des termes forts (« faux droits », « nocivité »…), il n'est pas le seul à avoir exprimé des réserves sur les « miracles du crédit », c'est-à-dire sur l'« argent magique ». Se sont donc mis en place des dispositifs renouvelant le rôle assumé naguère par le stock d'or et par γ.

4. *Le Figaro*, articles des 12, 19 et 26 octobre 1998.

La banque moderne se voit d'abord contrainte et encadrée par l'instrument naturel de régulation de l'économie qu'est la concurrence, concurrence qui joue en la matière un rôle autorégulateur.

Prenons un exemple concret pour définir ce caractère autorégulateur. Supposons que le client d'une banque A contracte un prêt de 100 euros. Il va dépenser ces 100 euros en faisant un chèque à l'ordre d'un de ses fournisseurs. Celui-ci, détenteur d'un compte en banque, va porter le chèque à sa banque B. B reçoit le chèque, crédite le compte de son client, puis se tourne vers A pour lui demander d'honorer le chèque. B peut adopter trois attitudes possibles :

- demander à A de lui ouvrir un compte courant et de le créditer de 100 euros (attitude rare car ne rapporte rien à B) ;
- proposer à A d'attendre le lendemain pour voir ce qui se passe, un chèque d'un client de B pouvant se retrouver le lendemain en question entre les mains de A. Cela revient à un prêt de B à A. Comme tout prêt, celui-ci a un taux qui est le taux au jour le jour ou encore, en anglais, *overnight*. C'est le taux auquel se prêtent les banques pour une journée. Le lieu, dématérialisé, où se négocient ces prêts est le marché monétaire ;
- demander à A de la monnaie sûre, reconnue par tout le monde, c'est-à-dire de la monnaie Banque

centrale (pour faire simple, disons des billets de la Banque centrale, ceux qu'utilisent les particuliers dans leurs échanges quotidiens).

Si la banque A prête beaucoup, ses chèques se diffusent abondamment et elle est obligée de négocier en permanence avec les autres banques. Celles-ci vont alors avoir des doutes sur la pertinence de ses prêts et vont exiger de A un taux au jour le jour sans cesse croissant ou de plus en plus de monnaie Banque centrale. Le système est autorégulateur parce que toute banque est sous le regard de ses concurrentes qui, si elles estiment qu'elle va trop loin, vont la sanctionner en lui demandant un taux au jour le jour de plus en plus élevé ou vont la renvoyer vers la Banque centrale. C'est ainsi que la concurrence bancaire, c'est-à-dire la mise en contact des banques entre elles par la diffusion des chèques ou des transferts de fonds, conduit chaque banque à se discipliner dans la multiplication des prêts qu'elle accorde.

Le second élément qui permet de garantir la qualité des prêts bancaires est « l'intervention de la Banque centrale », Banque centrale que nous venons déjà de croiser comme un des intervenants dans les relations entre les banques. La Banque centrale est une institution qui fascine mais qui est mal comprise. On pourrait même dire qu'elle cherche à ne pas être comprise. En 1987, Alan Greenspan, tout nouveau président de la Banque centrale américaine, la célèbre « Réserve fédérale », répondait sèchement à un membre du Congrès critiquant ses propos :

« Si vous avez compris ce que j'ai dit, c'est que je me suis mal exprimé ! »

Au début pourtant, elle a été créée avec un objectif clair : être le banquier exclusif de l'État et lui faire crédit autant que nécessaire, en tout cas le plus possible. Ce début se situe au XVIIe siècle. Lorsque s'engagea la guerre de la ligue d'Augsbourg en 1688, nul ne savait qu'elle allait aussi entrer dans l'histoire sous le nom de guerre de Neuf Ans. En tout cas, l'ignorait Guillaume d'Orange qui profita de cette guerre pour s'emparer du trône d'Angleterre au détriment de son beau-père, Jacques II. Et puisque la guerre s'éternisait, au bout de cinq ans, le Trésor britannique dut rendre grâce. Il s'adonna à l'exercice favori des États de l'époque, la banqueroute. Mais financier dans l'âme car Hollandais d'origine – à l'époque, cela était synonyme… –, Guillaume comprit vite que l'allègement sur les dépenses, obtenu immédiatement du fait de la disparition de la dette, se payait rapidement en augmentation des taux sur la nouvelle dette. D'où le constat que la pire des choses qui puisse arriver, c'est la banqueroute. Nous aurons l'occasion de nous demander si ce raisonnement qui paraît imparable est toujours d'actualité. Mais revenons à Guillaume d'Orange. Il créa donc en 1694 un prêteur en dernier ressort, la Bank of England, dont la mission était de racheter, quoi qu'il arrive, la dette de l'État et de garantir à ceux qui la détenaient qu'ils ne seraient plus spoliés. Par la suite, quelque soixante ans plus tard, lors d'une guerre plus courte que celle de la ligue d'Augsbourg, la guerre de Sept Ans, Frédéric II de Prusse se heurta à une opposition feutrée mais ferme d'une partie de son entourage qui s'accommodait mal de son alliance avec l'Angleterre. Il répondit :

« L'Angleterre contrôle tout : elle contrôle l'espace grâce à sa marine ; elle contrôle le temps grâce à sa Banque. »

De fait, depuis la création de la Bank of England, l'État anglais n'a jamais fait défaut. Entre-temps, le rôle de la Banque centrale s'est précisé. Elle est devenue l'acteur non pas du financement de l'État mais du refinancement de l'économie.

La Banque centrale d'aujourd'hui a donc une double mission.

La première est d'assurer un rôle de prêteur en dernier ressort et de financement ultime non seulement de l'État mais aussi de l'ensemble de l'économie. Elle n'est pas là pour financer en direct l'économie et octroyer des prêts aux entreprises, aux ménages ou aux États mais pour sécuriser ce financement effectué par les banques commerciales. La seconde est d'utiliser ce rôle pour contenir l'inflation.

Néanmoins, certains affirment qu'il faut sortir de cette vision restrictive du rôle de la Banque centrale et qu'à l'heure de l'argent magique elle doit s'assumer comme alchimiste en chef. C'est-à-dire qu'elle doit créer de la monnaie par elle-même et financer directement les entreprises ou l'État. Ce débat s'est focalisé récemment en France sur le statut de la Banque de France définie par la loi du 3 janvier 1973. La plupart des critiques portent sur l'article 25 de cette loi. Celui-ci précise :

« Le Trésor public ne peut être présentateur de ses propres effets à l'escompte de la Banque de France. »

Cela signifie que quand l'État emprunte, il ne peut pas le faire directement auprès de la Banque de France. Quand l'État emprunte, il le fait auprès d'organismes financiers clairement identifiés et appelés « spécialistes en valeurs du Trésor » que l'on désigne dans les couloirs du ministère des Finances du sigle « SVT ». Et la Banque de France n'est pas sur la liste des SVT.

Pour l'instant, le pas consistant à faire de la Banque de France un SVT n'a pas encore été totalement franchi même si le débat a repris dans le petit monde des économistes. Les statuts qui ont été donnés à chacune des Banques centrales se veulent en la matière sans ambiguïté. Rendues indépendantes pour ne pas subir les conséquences dans leur action des aléas politiques, elles ont reçu en retour une mission qui les cantonne au rôle de « prêteur en dernier ressort ».

Le Federal Reserve Act, complété par le Humphrey-Hawkins Full Employment Act en 1978, définit ainsi la mission de la Réserve fédérale, qui est, rappelons-le, la Banque centrale des États-Unis :

« Maintenir en moyenne une croissance des agrégats monétaires et de la quantité de crédit compatible avec le potentiel de croissance de la production, de manière à tendre vers les objectifs suivants : un taux d'emploi maximum ; des prix stables ; des taux d'intérêt à long terme peu élevés. »

Dans le cas de la Banque centrale européenne (BCE), c'est l'article 127 du traité sur le fonctionnement de l'Union européenne (TFUE) qui précise :

« L'objectif principal du Système européen de banques centrales, ci-après dénommé « SEBC », est de maintenir la stabilité des prix. Sans préjudice de l'objectif de stabilité des prix, le SEBC apporte son soutien aux politiques économiques générales dans l'Union, en vue de contribuer à la réalisation des objectifs de l'Union, tels que définis à l'article 3 du traité sur l'Union européenne. »

Et si l'on se reporte à cet article 3 du TUE[5] mentionné, nous obtenons comme objectifs :

« L'Union établit un marché intérieur. Elle œuvre pour le développement durable de l'Europe fondé sur une croissance économique équilibrée et sur la stabilité des prix, une économie sociale de marché hautement compétitive, qui tend au plein-emploi et au progrès social, et un

5. Les divers traités signés par les pays membres de l'Union européenne ont été regroupés en deux textes visant à éviter les redondances et à clarifier les règles du jeu juridiques. Ces deux textes sont le traité de l'Union européenne (TUE), qui rappelle les grands principes, et le traité sur le fonctionnement de l'Union européenne (TFUE), qui détaille leur mise en œuvre. Ces textes sont souvent ignorés du grand public qui entend régulièrement parler du traité de Rome et du traité de Maastricht, devenus en fait aujourd'hui des éléments du TUE.

niveau élevé de protection et d'amélioration de la qualité de l'environnement. Elle promeut le progrès scientifique et technique. Elle combat l'exclusion sociale et les discriminations, et promeut la justice et la protection sociales, l'égalité entre les femmes et les hommes, la solidarité entre les générations et la protection des droits de l'enfant. Elle promeut la cohésion économique, sociale et territoriale, et la solidarité entre les États membres. Elle respecte la richesse de sa diversité culturelle et linguistique, et veille à la sauvegarde et au développement du patrimoine culturel européen. »

Cela est en fait suffisamment large pour autoriser bien des interprétations !

Quoi qu'il en soit, ce qui se dégage de ces définitions, notamment de celle de la mission de la Réserve fédérale, est l'affirmation dans la conduite de la politique monétaire du rôle fondamental de ces deux éléments que sont le volume de crédit et le taux d'intérêt. Il convient donc d'observer de plus près comment la Banque centrale agit sur le volume du crédit et sur les taux d'intérêt. Soulignons au passage que l'on retrouve là les enjeux traditionnels de l'économie, à savoir les quantités produites et échangées et le prix qui détermine cet échange. Le volume des crédits est la production des banques, le taux d'intérêt, le prix auquel elles la facturent.

En ce qui concerne les quantités, c'est-à-dire le crédit bancaire, la Banque centrale intervient tantôt dans un sens restrictif, tantôt au contraire pour inciter les banques à prêter davantage. Quand une Banque centrale agit de façon restrictive, à savoir quand elle impose une limitation au volume des crédits susceptibles d'être accordés par les banques, on dit qu'il y a « encadrement du crédit ». C'était le cas dans les années 1950-1970, période où sévissait l'inflation. Parler aujourd'hui d'encadrement du crédit, c'est évoquer ces temps anciens… ou des lieux lointains ravagés par l'inflation comme le Venezuela. En effet, depuis quelques années, loin de vouloir limiter le crédit bancaire, les Banques centrales des principales puissances économiques, développant un discours autour d'une menace de déflation, cherchent son expansion. Pour inciter les banques à prêter, elles leur rachètent des éléments des contreparties de la masse monétaire, notamment certains de leurs actifs douteux pour alléger leurs risques. On ne parle plus alors d'« encadrement du crédit » mais d'« assouplissement quantitatif » (en anglais *quantitative easing*). Ce *quantitative easing* est le fondement des politiques monétaires menées aujourd'hui dans les grandes économies.

Autre outil de la Banque centrale, le prix. Mais quel prix ? Pour faire simple, nous allons considérer que, pour l'essentiel, les produits de la Banque centrale sont les billets de la monnaie fiduciaire. Pour l'essentiel car la Banque centrale gère également les comptes courants que détiennent auprès d'elle les banques commerciales. Et le prix de ces billets est un taux d'intérêt.

La Banque centrale est la seule à fabriquer les billets dits « de banque ». Elle bénéficie en la matière d'un monopole qui constitue ce qu'on appelle le « privilège d'émission ». Ces billets sont recherchés parce que le public a l'habitude de les utiliser et leur fait confiance et parce qu'ils sont normalement protégés par la loi – dans tous les pays, il est interdit de refuser comme moyen de paiement les billets de la Banque centrale. Cette interdiction est une des composantes du privilège d'émission. Une Banque centrale qui ne parvient pas à faire respecter ce privilège, c'est-à-dire qui constate que, sur le territoire qui lui sert de référence, les commerçants refusent ses billets pour leur préférer en général des dollars, affronte du fait de cette dollarisation une remise en cause fondamentale de son pouvoir. Pour obtenir les billets de la Banque centrale, les banques les lui empruntent pour trois mois à un taux qui s'appelle le taux d'intervention de la Banque centrale, ou encore le taux de refinancement (en abrégé, le taux refi). C'est ce taux qui est le pivot de la politique monétaire et qui est l'objet de tous les commentaires sur cette politique. En outre, les banques commerciales apportent en garantie des titres financiers qui représentent l'équivalent des billets qu'elles récupèrent. Ces titres financiers sont souvent des titres de dette publique. Les billets de la Banque centrale ont comme caractéristique d'être les héritiers lointains de l'or et d'être de ce fait juridiquement protégés. Nul ne peut les refuser dans une transaction. Ils ont une supériorité sur les autres modes d'expression de la masse monétaire que sont les chèques ou les cartes de crédit des banques commerciales. Obligées d'en fournir à leurs clients qui en réclament régulièrement ou à leurs concurrentes qui leur en demandent pour dénouer leur position sur le marché interbancaire, les banques de second rang doivent les emprunter à la Banque centrale. On dit alors que ces banques se refinancent auprès de la Banque centrale. Et qui dit emprunt dit taux d'intérêt. Ce taux est le taux directeur de la Banque centrale ou encore son taux d'intervention. Ce taux est un taux qui correspond à des prêts faits par la Banque centrale aux banques de second rang pour une durée de trois mois. Quand les analystes s'interrogent sur le fait de savoir si une Banque centrale va baisser ses taux ou les remonter, c'est en fait de celui-là qu'il s'agit. Ainsi, pour une banque commerciale, se procurer les billets dont souhaite disposer sa clientèle a un coût. De façon plus générale, ce taux d'intérêt est utilisé dans tous les prêts que consent la Banque centrale aux banques commerciales, notamment quand, dans les relations et les échanges qu'elles ont entre elles, elles ont besoin de ses instruments financiers. *In fine*, ce coût, elles le répercutent sur leurs propres prix, c'est-à-dire sur leurs conditions de crédit. Autrement dit, quand la Banque centrale augmente son taux, les banques l'incorporent dans leurs propres taux, ce qui a pour effet de dissuader les emprunteurs. Le crédit se raréfie, les banques prêtent moins et la création monétaire ralentit : μ évolue moins vite. En opérant des hausses et des baisses du taux d'intérêt, la Banque centrale influence le niveau du taux d'intérêt que les banques pratiquent, que ce soit dans le cadre de transactions interbancaires, des prêts aux entreprises, des prêts à la consommation ou des prêts à l'État, ce qui conditionne indirectement l'évolution de la masse monétaire.

En résumé, le financement de l'économie par les banques commerciales modifie la masse monétaire et change sa quantité ; son refinancement par la Banque centrale modifie la qualité de sa contrepartie. Ce refinancement accroît la quantité de monnaie dite « Banque centrale ». Celle-ci se mesure par le montant du bilan de la Banque centrale que l'on appelle encore la base monétaire mais pas la quantité totale de monnaie.

Ainsi, le bilan de la Banque centrale européenne et de l'ensemble des Banques centrales nationales, ce que l'on appelle le Système européen de banques centrales, est passé de 800 milliards d'euros en 2000 à 4 670 milliards d'euros fin 2019. Il a donc été multiplié par 5,8. Simultanément, la masse monétaire n'a été multipliée que par 2,4.

Pourquoi, alors que la création de monnaie *ex nihilo* par le crédit est ainsi régulée et autorégulée, Maurice Allais s'inquiète-t-il ?

Eh bien, parce que les dettes que finance ce crédit échappent de plus en plus à la rationalité économique, qu'elles sont de plus en plus publiques et, quand elles sont privées, de moins en moins orientées vers des investissements productifs. Les États sont en train de pervertir le système en s'endettant sans autre principe qu'« après moi le déluge ». Ils sont en train de faire de l'« argent magique » un « argent tragique », car cet argent, pour reprendre une expression couramment utilisée, est une « mauvaise dette », sachant qu'une « bonne dette » se définit comme servant à financer les conditions de la croissance future.

Chapitre 2

Bonne dette et mauvaise dette

L'argent magique, c'est de la dette qui croît et se multiplie dans l'actif des banques commerciales, permettant simultanément au passif des banques, qui représente les avoirs des particuliers, de croître dans les mêmes proportions. En ce moment, cet endettement est favorisé par des niveaux de taux d'intérêt très bas qui sont suscités et voulus par les Banques centrales. Quand les banques commerciales ont des doutes sur la fiabilité des prêts qu'elles ont consentis, que les emprunteurs soient publics ou privés, elles ont toujours la possibilité, dans le cadre actuel des politiques d'assouplissement quantitatif (de *quantitative easing*), de revendre à leur Banque centrale les prêts en question.

L'endettement planétaire sans précédent que nous connaissons est la manifestation concrète de la prolifération de cet argent magique. En quoi menace-t-il l'économie ?

Il la menace dans la mesure où il entretient un processus de substitution savamment organisée de dette publique au travail et non la multiplication d'investissements productifs débouchant sur une élévation des taux de croissance de l'économie. Cette substitution s'est amplifiée à l'occasion de la diffusion de la Covid-19 mais elle était déjà engagée avec les politiques mises en œuvre depuis la récession de l'économie mondiale survenue en 2009.

En 2019, avant l'arrivée de la Covid-19, le FMI a fourni une évaluation de l'endettement mondial fin 2017. Celui-ci était de 184 000 milliards de dollars, soit l'équivalent de 2,25 fois le revenu annuel de la planète. Cette dette se partageait en 40 % de dette publique et 60 % de dette privée. Lors de son premier rapport sur l'endettement mondial, publié en 1950, le FMI évaluait celui-ci à l'équivalent du revenu annuel de la planète, avec une forte composante publique. Pour mesurer les problèmes que cela pose, il faut revenir sur l'utilité ou les dangers d'une dette, c'est-à-dire définir ce que sont une « bonne dette » et une « mauvaise dette ».

Dans le chapitre précédent, nous avons assimilé la création monétaire et l'argent magique qu'elle nourrit au crédit. Repartons donc du « crédit » pour analyser l'impact de la dette. Dans l'*Encyclopédie* de Diderot et d'Alembert, il existe un article « crédit », dont l'auteur, le juriste Antoine-Gaspard Boucher d'Argis, justifiait ainsi l'existence :

« Son effet est évidemment de multiplier les ressources du débiteur par l'usage des richesses d'autrui. »

Écrivant à une époque où l'or règne en maître, il ne peut pas concevoir que les « richesses d'autrui » puissent venir de nulle part. Ce qui est important dans son approche, c'est que le crédit, quelle que soit son origine, augmente instantanément les ressources de l'emprunteur. Ce qui détermine le partage entre la « bonne dette » et la « mauvaise dette » est l'usage que celui-ci fait de l'accroissement de ses ressources. Or il n'est pas le même pour les entreprises que pour les États car, contrairement à ce qu'affirment certains, il ne doit pas être le même. Pour parler clair, l'État n'est pas une entreprise et la dette publique n'a pas les mêmes objectifs que la dette privée. Ne pas comprendre cela a conduit à ce que le problème de l'endettement actuel se pose non seulement en termes de quantité mais aussi de qualité.

Dette privée et investissement

Concrètement, la dette privée est légitime parce que l'emprunteur s'en sert pour investir, ce qui crée de la richesse. Quand une erreur d'appréciation des entrepreneurs privés concernant leurs investissements ne permet pas une augmentation de la production, nous avons plus de monnaie pour la même production, ce qui conduit à de l'inflation.

Les autorités économiques ont entériné cela en fixant une norme d'inflation à 2 %. Elles acceptent ainsi une légère dérive des prix qui est la mesure de la création inefficace de monnaie, c'est-à-dire d'un droit à l'erreur implicite consenti aux investisseurs et à leur banquier.

Revenons à l'*Encyclopédie*. Boucher d'Argis précise qu'en tant que prêteur le banquier sécurise ses décisions et se prémunit contre l'échec éventuel de l'emprunteur en exigeant des garanties :

> « La cause immédiate du crédit est l'opinion conçue par le prêteur de l'assurance du paiement. Cette opinion a pour motifs des sûretés réelles ou personnelles, ou bien l'union des unes et des autres. Les sûretés réelles sont les capitaux en terres, en meubles, en argent et les revenus. Les sûretés personnelles sont le degré d'utilité qu'on peut retirer de la faculté d'emprunter ; l'habileté, la prudence, l'économie, l'exactitude de l'emprunteur. »

Dans une dette privée, l'emprunteur promet d'utiliser le temps et les ressources supplémentaires dont il bénéficie grâce à son emprunt pour créer de la richesse. Il s'engage à gagner de quoi rembourser et de quoi payer les intérêts. C'est ce que Boucher d'Argis appelle les « sûretés personnelles ». Il promet simultanément qu'en cas d'échec il abandonnera une partie de son patrimoine à due concurrence de ce qu'il a emprunté, patrimoine constitué en partie grâce à l'emprunt. C'est ce que Boucher d'Argis appelle les « sûretés réelles ».

Pendant longtemps, dans des sociétés caractérisées par l'immobilisme économique, les sûretés personnelles étaient sinon inexistantes, du moins largement ignorées. Les dettes concernaient surtout des paysans ruinés par des mauvaises récoltes qui empruntaient, dans l'urgence, les moyens d'assurer leur survie et celle de leur famille. Quant aux sûretés réelles, elles portaient non seulement sur leur maigre patrimoine, mais encore sur leur propre personne. Cela signifie que la dette a longtemps alimenté le développement de l'esclavage. Sans faire une histoire exhaustive et hors de propos de la dette privée, rappelons son statut dans la Rome antique. La loi fondamentale de la jeune République est celle des Douze Tables que les patriciens ont octroyée en 449 avant J.-C. pour obtenir le soutien des plébéiens. Si les deux premières tables portent sur la procédure, dès la table III est abordé le problème de la dette. Dans ce texte fondateur, il est prévu que le débiteur incapable de rembourser prend de gros risques : en effet, « il est puni de la peine capitale, ou d'être vendu à l'étranger au-delà du Tibre ».

C'est dans ce contexte que les autorités religieuses ont, jusqu'à la fin du Moyen Âge, considéré que la rémunération d'un prêt est abusive et l'ont qualifiée d'usuraire. Un des textes les plus célèbres allant dans ce sens a pour auteur saint Jean Chrysostome, le grand prédicateur chrétien du IVe siècle.

Intitulé *Contre l'usure*, son texte contient ce message adressé aux prêteurs potentiels :

> « Dieu vous a donné des richesses, non pour appauvrir les autres, ni pour trafiquer de leurs misères, mais pour les en délivrer. »

Celui qui apporte une vraie rupture, une rupture qui va fonder l'économie moderne, est saint Thomas d'Aquin. Il vit et écrit au XIIIe siècle. Sur la dette, il introduit une distinction qui prépare celle de Boucher d'Argis.

> « Celui qui prête de l'argent transfère la propriété de son argent à l'emprunteur; par conséquent celui qui emprunte possède la somme à ses risques et périls et il est tenu de la rendre intégralement. Le prêteur ne doit donc pas exiger davantage. Mais celui qui prête son argent à un marchand ou à un artisan avec lequel il s'est associé ne lui transmet pas la propriété de la somme, il en reste toujours le propriétaire, de telle sorte que c'est à ses risques et périls que le marchand commerce sur son argent ou que l'artisan travaille. C'est pourquoi il peut licitement recevoir une partie du gain qui résulte de là, comme étant le fruit de la chose[6]. »

La dette privée devient acceptable lorsqu'elle est coopération et non pas contrainte, mutualisation de moyens permettant d'accroître la richesse et non pas substitut illusoire à sa disparition.

---

6. Voir notamment l'article de Caroline Marie-Jeanne, « L'interdiction du prêt à intérêt : principes et actualité », *Revue d'économie financière*, n° 109, 2013/1.

Pour le monde protestant, que l'on associe souvent au développement du capitalisme et au décollage de l'économie, c'est Jean Calvin lui-même, l'un des premiers théoriciens du protestantisme, qui défend et conforte les idées de saint Thomas. Dans une lettre de 1545 adressée à un de ses disciples et amis du nom de Claude de Sachin, il distingue les « prêts commerciaux », encore appelés « prêts de production », qui financent des investissements et donc l'émergence d'une richesse future permettant le versement d'intérêts, et les prêts destinés à secourir les gens en difficulté, appelés « prêts de consommation », qui devraient relever d'une logique de don et être gratuits, sans intérêts et même sans espoir réel de remboursement.

Dès lors s'impose la théorisation d'une épargne associée au financement de l'investissement et d'un taux d'intérêt servant à rémunérer la confiance que l'épargnant accorde à l'investisseur. Ce mécanisme est formalisé par les économistes contemporains au travers d'une équation selon laquelle il y a égalité entre l'épargne et l'investissement.

Cette égalité entre l'épargne et l'investissement reste un des résultats les plus importants de l'économie, un résultat qui continue à nourrir les angoisses existentielles des étudiants en science économique. Pourtant, pour les économistes, elle est ce que l'on appelle une identité comptable, c'est-à-dire qu'elle est incontestable et que nul ne peut douter de sa pertinence. En revanche, elle peut donner lieu à plusieurs interprétations et fonder plusieurs schémas de politique économique.

Une des questions que pose cette égalité porte sur le rôle des banques et du crédit. Car, en pratique, l'investisseur n'entretient que rarement un lien direct avec l'épargnant. Son interlocuteur est la banque qui le finance. Naguère, quand les banques reprêtaient les dépôts qu'elles recevaient, on pouvait concevoir que l'épargne, dont nous avons précédemment souligné la proximité avec la monnaie, s'identifiait à ces dépôts initiaux. Mais maintenant que la banque prête de l'argent qu'elle crée, maintenant que nous sommes à l'ère de l'argent magique, quel rôle reste-t-il à l'épargne ?

En fait, de rôle actif dans le développement des investissements, l'épargne est devenue une conséquence de leur dynamique. Dans notre économie où les crédits font les dépôts, l'investissement fait l'épargne. Les sommes que les entreprises empruntent aux banques entrent dans le circuit économique et finissent par être reversées aux ménages qui en épargnent systématiquement une partie. Et c'est ainsi que l'investissement crée l'épargne après avoir été créé par du crédit.

Si l'on veut donner une version complète de l'égalité entre l'épargne et l'investissement, il faut préciser qu'en regard du flux d'épargne que dégage le secteur privé d'un pays on trouve les investissements intérieurs et le déficit budgétaire. En cas de surplus, l'épargne excédentaire s'exporte sous forme de placements à l'étranger. En revanche, quand un pays n'arrive pas à financer ses investissements et son déficit public, il doit faire appel à des capitaux extérieurs. Concrètement, ce phénomène est résumé dans la formule des « déficits jumeaux » (*twin deficits* en anglais). C'est-à-dire qu'un pays dont l'État est très déficitaire connaît un déficit de ses comptes extérieurs qui doit se financer en empruntant à l'étranger des devises. Mais nous parlons déjà de déficit public : il est donc temps de se demander que penser de l'emprunteur public[7].

Dette publique et enjeu de croissance

L'analyse dudit emprunteur public est à l'origine même de la science économique. Rappelons en effet qu'« économie politique » signifie étymologiquement en grec ancien « gestion de l'État ». Les premiers penseurs à s'être qualifiés d'économistes affichaient comme objectif de leurs recherches d'être capables de fournir aux responsables politiques les moyens de ne pas annuler toute ou

7. Précisons ce résultat pour le lecteur qui veut en savoir plus et que quelques formules mathématiques ne rebutent pas. Dans chaque économie, nous avons (S – I) + (T – G) = X – M, où S est l'épargne (*Savings*), I l'investissement (*Investment*), T les impôts (*Taxes*), G les dépenses publiques (*Government*), X les exportations (*eXport*) et M les importations (*iMport*). Quand l'épargne S est supérieure à l'investissement I, soit l'excédent extérieur X – M augmente, soit l'État peut récupérer cette épargne en accroissant son déficit. T – G et X – M sont des déficits jumeaux.

partie de la dette publique, c'est-à-dire les moyens de ne pas faire banqueroute. Il est surprenant de constater que, de nos jours, certains économistes ont oublié cette origine de leur discipline et se sont faits les défenseurs actifs d'une annulation d'une partie de la dette publique !

Que pensait de la dette publique saint Thomas, lui qui a ouvert la voie à un endettement privé porteur d'investissements et donc de richesse future ? Il considérait que le souverain doit se financer par la gestion de son domaine. Non seulement il écartait l'idée d'une dette du prince mais, à ses yeux, l'impôt lui-même devait être exceptionnel ! Dans l'esprit de saint Thomas, l'État ne doit recourir à l'emprunt que dans les cas d'extrême urgence liés à des guerres, avec cet espoir d'être vainqueur et d'en faire assumer les conséquences au vaincu. À l'aube de la science économique, dans son *Discours sur l'économie politique* de 1755, Jean-Jacques Rousseau défend encore cette idée d'un État qui non seulement équilibre ses comptes mais encore y parvient grâce aux revenus du domaine public…

À l'époque où Rousseau appelle l'État à la frugalité, François Quesnay s'affirme comme le chef de file de la première école économique structurée et reconnue comme telle, à savoir celle des physiocrates. Il résume ses recommandations dans une formule éclairante :

« Pauvres paysans, pauvre royaume ; pauvre royaume, pauvre roi. »

Face à des dépenses de plus en plus lourdes, les États ne peuvent en rester aux préceptes de saint Thomas et de Rousseau. Ils doivent lever des impôts si bien qu'ils ont besoin que le pays soit riche et donc leur garantisse une large base taxable, afin qu'ils soient eux-mêmes riches et parviennent à ce qui doit être leur objectif absolu, à savoir l'équilibre de leurs comptes.

Le XIXe siècle vit avec cette idée que l'État dépense ce que d'autres ont gagné grâce à l'impôt ou ce qu'ils vont gagner grâce à la dette. C'est ce que résume Frédéric Bastiat en écrivant :

« L'État, c'est la grande fiction à travers laquelle tout le monde s'efforce de vivre aux dépens de tout le monde[8]. »

Dès lors, l'État doit se montrer parcimonieux et éviter de s'endetter.

Splendeur et misère de l'alibi keynésien

À la fin du XIXe siècle, certains économistes allemands théorisent l'idée que la dépense publique ne doit pas se concevoir comme un simple transfert. Appelés « socialistes de la chaire » – socialistes pour avoir affirmé un rôle positif de l'État dans le processus de création de richesse, de la chaire pour avoir été pour la plupart des

8. Extrait de *L'État*, 1848.

universitaires connus et reconnus –, ces économistes, dont le plus emblématique se nommait Adolph Wagner, défendent l'idée que l'État en dépensant crée une demande qui fournit du travail à des chômeurs potentiels et initie de ce fait un processus de création de richesse. En explorant ainsi la voie de l'État « employeur en dernier ressort », les socialistes de la chaire ont préparé l'avènement de l'économie politique du XXe siècle. En 1903, un nommé Nicholas Johannsen, s'appuyant sur leurs travaux, publie à Berlin une brochure où il explique que la dépense publique n'est pas qu'un simple mécanisme de transfert. Toute dépense publique nouvelle suscite une chaîne de dépenses qui se traduit, *in fine*, par un accroissement du revenu national supérieur à celui de la dépense initiale. En 1931, dans une Allemagne en crise, Adolph Lowe, un haut fonctionnaire de la république de Weimar, popularise les écrits de Johannsen et propose au gouvernement allemand une politique de grands travaux, qui doit servir à ses yeux à « réamorcer la pompe ».

Toutes ces thèses servent de fondement aux théories que portent John Maynard Keynes et ses disciples. Pour ces derniers, la dette publique et les dépenses qu'elle finance renforcent la croissance. Ils ont acquis le statut d'apologistes officiels de l'endettement public.

Dès lors que la dette publique cesse d'être vécue aux yeux de certains comme une menace pour l'économie et l'État, il convient de préciser de quoi l'on parle. Il n'est pas rare dans les débats à son sujet d'entendre des commentateurs confondre dette et déficit. Le déficit est un flux, la dette est un stock; le déficit est la différence entre les recettes et les dépenses de l'année, la dette est le cumul des déficits – et éventuellement des excédents – depuis l'origine de l'État. Sur le plan mathématique, le déficit est la dérivée de la dette, la dette, la primitive du déficit. En pratique, les économistes keynésiens ont transféré le débat de la dette vers le déficit. Ils mettent en avant plusieurs arguments pour faire de ce déficit un des éléments clés de la croissance.

Le premier va au-delà du déficit pour donner un rôle positif à la dépense. Que l'État lève des impôts ou emprunte auprès de sa population, celle-ci lui apporte des fonds qu'il remet immédiatement en circulation. Dans une vision extrême des thèses keynésiennes, l'État dépense tandis que les particuliers thésaurisent, voire remboursent leurs dettes, contractant la masse monétaire et initiant une spirale déflationniste.

Cet argument est mis en avant quand la situation financière du pays est caractérisée par un excédent d'épargne dont la traduction économique naturelle est, ainsi que nous l'avons déjà démontré, un excédent de la balance des paiements courants. Pour beaucoup d'économistes, un tel excédent réclame un recyclage de cette épargne grâce à l'emprunt public. Et c'est ainsi que, de sommet européen en sommet européen, la France, qui accumule les déficits extérieurs, montre du doigt une Allemagne « fourmi à l'extrême » dont l'excédent extérieur tourne régulièrement autour de 8 % de son PIB, une Allemagne qui devrait donc, à entendre ce qui se dit à Paris, résorber cet excédent en creusant son déficit budgétaire[9].

Le deuxième argument porte plus particulièrement sur l'utilisation des fonds empruntés. La dette publique est supposée trouver sa légitimité dans le financement d'équipements favorisant la croissance économique et donc générant *in fine* les recettes fiscales qui permettront non seulement de payer les intérêts mais encore le remboursement. Cela revient d'une certaine façon à appliquer le raisonnement concernant les entreprises privées à l'État. À ceci près que pour une entreprise privée, ce qui justifie ses investissements et les emprunts qui les financent, ce sont les profits anticipés, alors que pour l'État, ce sont les recettes fiscales à venir. Et ces recettes seraient d'autant plus importantes qu'il y a un « effet multiplicateur » de l'investissement public. Le « multiplicateur keynésien » constitue un des éléments clés de l'enseignement de l'économie. Le mécanisme qu'il décrit peut se résumer en ce que la richesse finale créée par un investissement public est globalement supérieure à l'investissement initial. Keynes ayant popularisé cet « effet multiplicateur » dans ses écrits, on parle donc de « multiplicateur keynésien[10] ».

9. $(S - I) + (T - G) = X - M$...

10. On peut décrire le mécanisme du multiplicateur selon le schéma suivant. Soit R le revenu global d'un pays. La part consommée est cR. Le coefficient « c » est appelé la propension à consommer. Celle-ci est

Le triomphe intellectuel de Keynes a été formalisé par un modèle à la fois simple dans son principe et élaboré sur le plan mathématique que les économistes du monde entier connaissent sous le nom de « modèle IS-LM ». Les étudiants en économie de la planète le connaissent également sous le nom de modèle Hicks-Hansen. Ce modèle tend à démontrer que l'État garantit à toute société le plein-emploi en acceptant de creuser le déficit budgétaire et en finançant ce déficit par de la création de monnaie.

Au départ de ce modèle, il y a un article publié en 1937 par un économiste anglais du nom de John Richard Hicks. Hicks enseigne à la London School of Economics (LSE) puis à l'université de Manchester et enfin à Oxford. Dès la sortie en 1936 de la *Théorie générale* de Keynes, Hicks se demande comment concilier les idées et les travaux des économistes du XIXe siècle qu'il admire et ceux de Keynes que ses collègues se mettent à admirer. En 1937, il

---

inférieure à 1 car on ne peut consommer plus que son revenu... Supposons maintenant que l'État augmente ses dépenses G d'une quantité dG. Les fournisseurs de l'État, qui reçoivent dG, donnent cette somme à leurs salariés, qui en consomment une partie, très exactement cdG. Les commerçants qui reçoivent cette somme en consomment à leur tour une partie, c (cdG), en achetant à d'autres commerçants. Ces derniers dépensent alors c (c^2dG) et ainsi de suite. Cet enchaînement se termine par une dépense totale égale à dG dépensé par l'État et cdG + c^2dG + c^3dG + ... + c^ndG + ... dépensé par les particuliers. La demande globale augmente dès lors de dG (1 + c + c^2 + c^3 + ... + c^n + ...), soit dG / 1 – c. L'État a mis dG dans le circuit économique, la demande supplémentaire finale est de dG / (1 – c). 1 / (1 – c) est le multiplicateur.

s'essaie donc à une synthèse entre les deux au travers de la rédaction d'un modèle qu'il appelle le « modèle IS-LL[11] ».

---

11. Hicks décrit l'économie d'un pays à travers deux marchés où s'égalisent une offre et une demande. Le premier est celui des biens. La production Y constitue l'offre tandis que la demande se décompose en consommation C, investissement I et dépenses publiques G :

$$Y = C + I + G$$

La consommation dépend du revenu (hypothèse keynésienne) qui dépend lui-même de la production : C s'exprime en fonction de Y ($C = cY$). L'investissement dépend du taux d'intérêt i (hypothèse néoclassique). En pratique, I décroît quand i augmente, car plus l'argent est cher, moins on investit. On a donc :

$$Y = cY + I + G, \text{ soit } Y(1 - c) = I + G$$

Comme I est une fonction décroissante de i, il en va de même de Y. Cette fonction se représente graphiquement par une courbe descendante, la courbe IS. Elle tire son nom de ce qu'elle associe l'investissement I et l'épargne S qui le finance et dépend du taux d'intérêt.

Le second marché est celui de la monnaie. L'offre y est fixée par l'État. La demande correspond à un double besoin : l'acquisition de la production, la thésaurisation. Si M est la masse monétaire, V la vitesse de circulation de la monnaie, p le niveau des prix et L la thésaurisation, on a :

$$MV = pY + L$$

Quand i s'élève, les épargnants apportent leurs liquidités aux emprunteurs et donc déthésaurisent : L est une fonction décroissante de i. Comme $pY = MV - L$, Y est fonction de i, mais cette fois une fonction croissante que représente une courbe ascendante appelée LL. LL pour liquidité. Hansen trouvera plus élégant de dire LM pour liquidité monétaire.

Deux fonctions, l'une croissante, l'autre décroissante, deux courbes, une qui monte, une qui descend, lient production et taux d'intérêt : cela détermine mathématiquement la valeur de ces deux variables, correspondant au point d'intersection des deux courbes. La production ainsi obtenue peut être inférieure à celle de plein-emploi. L'État doit alors déplacer les courbes, augmentant Y jusqu'au niveau correspondant au plein-emploi. Pour ce faire, il lui faut jouer sur G et M en créant un déficit budgétaire financé par la création de monnaie. Seule faiblesse du modèle, p est supposé constant, c'est-à-dire que le modèle suppose qu'il ne peut y avoir simultanément dans une économie du chômage et de l'inflation.

En 1953, l'Américain Alvin Hansen entreprend de reprendre les travaux de Hicks. Entre ses mains, IS-LL devient IS-LM (il se contente de le rebaptiser) et connaît un succès mondial, faisant du keynésianisme la référence quasi exclusive de la pensée économique de l'époque. Ce qui fait l'originalité de Hansen, c'est son insistance sur le rôle bénéfique du déficit budgétaire financé par la création de monnaie. Dans la foulée, plusieurs économistes vont développer et illustrer cette idée d'une économie dont la croissance repose sur le déficit de l'État et sur la quantité de monnaie émise pour financer ce déficit. James Tobin, dont le nom a été sinistrement détourné par l'extrême gauche pour justifier un impôt sur les transactions financières, s'indignait de ce détournement et rappelait que le sérieux de ses travaux n'avait rien à voir avec les « casseurs de carreaux ». Parmi ces travaux, qui lui valurent le prix Nobel d'économie en 1981, il y a l'introduction du concept de « solde budgétaire de plein-emploi » qui prolonge les résultats de Hansen.

En 1966 paraît un livre intitulé *New Dimensions of Fiscal Policy*, qui devient la référence de la classe politique américaine. L'auteur est Walter Heller. Il est professeur à l'université du Minnesota. Il s'impose au travers de ce livre comme le grand théoricien de la politique budgétaire dont il considère qu'elle est à même de résoudre tous les problèmes qui se posent aux économies capitalistes développées, pourvu que l'on lui donne sa pleine liberté d'action et que l'on ne s'obsède pas sur l'équilibre des comptes publics. La politique budgétaire agit d'abord par la qualité des dépenses qui doivent servir à assurer ce qu'il appelle la « guerre contre la pauvreté ». Elle agit ensuite par la quantité d'impôts. Il explique qu'en période de chômage on doit les baisser et accepter du déficit pour soutenir la demande tandis qu'en période d'inflation on doit les augmenter et même rechercher un excédent. La légitimité de son propos est triple : il se réclame de Hansen ; il a été le conseiller du président des États-Unis, en l'occurrence Kennedy, et a pu mettre en application ses théories ; il est américain et, en 1966, c'est un gage de sérieux parmi les économistes.

La messe n'est pas dite

Pourtant, l'idée que l'on est riche parce que l'on dépense, que la richesse d'un pays dépend de la quantité de monnaie qui y circule, cette quantité augmentant grâce au financement du déficit budgétaire, a toujours rencontré des opposants.

Au XIVe siècle, époque où Nicolas Flamel, alchimiste assumé, fascinait Paris, Nicolas Oresme, le conseiller du roi Charles V, écrivait dans son *Traité des monnaies* :

> « C'est que l'argent ne permet pas de pourvoir directement aux besoins vitaux, mais qu'il est un instrument ingénieusement inventé en vue de permuter plus commodément les richesses naturelles. »

En d'autres termes, c'est parce que l'on est riche que l'on dépense et l'alchimie est un leurre.

Au XVIIIe siècle, à l'heure où l'économie politique naît vraiment et s'affirme, un des premiers économistes dignes de ce nom, nommé Pierre Le Pesant de Boisguilbert, écrit :

> « Et il n'est que trop certain, par les relations espagnoles de la découverte du Nouveau Monde, que les premiers conquérants, quoique maîtres absolus d'un pays où l'on mesurait l'or et l'argent par pipes, passèrent plusieurs années si misérablement leur vie que, outre que plusieurs moururent de faim, presque tous ne se garantirent de cette extrémité que par les aliments les plus vils et les plus répugnants de la nature.
>
> Ce n'est donc ni l'étendue du pays que l'on possède, ni la quantité de l'or et de l'argent, que la corruption du cœur a érigés en idoles, qui font absolument un homme riche et opulent : elles n'en forment qu'un misérable, comme l'on peut voir par les exemples que l'on vient de citer ; ce qui se vérifie tous les jours encore par le parallèle de ce qui se passe au pays des mines, où cinquante écus à dépenser par jour font vivre un homme moins commodément qu'il ne ferait en Hongrie avec huit ou dix sous, qui suffisent presque pour jouir abondamment de tous les besoins nécessaires et agréables. On voit par cette vérité, qui est incontestable, qu'il s'en faut beaucoup qu'il suffise pour être riche de posséder un grand domaine et une très grande quantité de métaux précieux, qui ne peuvent que laisser périr misérablement leur possesseur, quand l'un n'est point cultivé et l'autre ne se peut échanger contre

les besoins immédiats de la vie, comme la nourriture et les vêtements, desquels personne ne saurait se passer[12]. »

Évidemment, le keynésianisme peut légitimement prétendre s'affranchir d'idées du XIIIe ou du XVIIIe siècle. Mais, dès la mise en place des politiques qu'il a inspirées, des doutes se sont exprimés. La mémoire collective ambiante retient des États-Unis des années 1930, englués dans la récession et la crise, le succès de la politique de déficit budgétaire et d'investissement public menée par Franklin D. Roosevelt.

Pourtant, les critiques les plus virulentes ont été avancées par des collaborateurs immédiats de Roosevelt. Ce fut le cas en particulier de son secrétaire au Trésor, Henry Morgenthau. Celui-ci est persuadé que le déficit public, qui constitue l'innovation budgétaire majeure de la politique de New Deal de Roosevelt, conduit à ce que les économistes modernes appellent un « effet d'éviction ». Pour Morgenthau, les sommes empruntées par l'État vont manquer aux entreprises. En outre, les banques, par ailleurs en difficulté, vont profiter de l'appétit financier de l'État pour se livrer à une hausse des taux d'intérêt. Ces deux éléments vont pénaliser l'investissement privé et freiner la croissance. C'est pourquoi, dès le lendemain de la réélection de Roosevelt en 1936, il propose de revenir à l'équilibre budgétaire. Pour

12. *Dissertation sur la nature des richesses, de l'argent et des tributs, où l'on découvre la fausse idée qui règne dans le monde à l'égard de ces trois articles*, 1707.

convaincre Roosevelt, il trace un bilan assez négatif de la politique budgétaire du premier mandat. Il met en avant le fait que le taux d'endettement public a atteint en 1937 les 40 % du PIB et que, réélu, le président doit désormais mener sa politique en songeant davantage aux générations futures.

Il exprime son point de vue sur la place publique le 10 novembre 1937. Ce soir-là, il est l'invité de l'Academy of Political Science. Il y prononce un discours célèbre sur les perspectives économiques des États-Unis, dans lequel il déclare :

> « Nous avons essayé de dépenser le plus d'argent possible pour lutter contre la crise. Résultat : aujourd'hui, nous avons le même taux de chômage qu'au moment de notre arrivée au pouvoir mais avec une énorme dette en plus. »

Quarante ans plus tard, l'assimilation du déficit budgétaire à la croissance va être de nouveau ébranlée. En 1974, un certain consensus s'était fait pourtant parmi les économistes et les dirigeants des pays de l'OCDE[13] sur la politique à mener pour contrebalancer les effets récessifs du choc pétrolier de 1973. Rares sont alors ceux qui s'opposent au principe d'une relance keynésienne, c'est-à-dire l'augmentation du déficit budgétaire pour financer des grands travaux. Deux arguments sont mis en

13. L'OCDE est l'Organisation de coopération et le développement économiques ; elle regroupe les pays développés. En 1974, les pays communistes en sont absents.

avant en faveur de ce type de politique : d'une part, en augmentant le besoin de financement des États, on recycle les pétrodollars accumulés par les membres de l'Opep[14] en leur vendant les emprunts émis ; d'autre part on compense par l'augmentation des dépenses publiques la ponction sur la demande due à l'augmentation du coût de l'énergie. L'OCDE théorise son approche d'une politique de relance dans ce qu'il est alors convenu d'appeler la « stratégie des locomotives ». Le fondement de cette stratégie est double : il faut relancer l'activité par des politiques budgétaires expansionnistes coordonnées ; mais l'ampleur de la relance ne saurait être *a priori* la même dans tous les pays. Ceux qui comme l'Allemagne ou le Japon abordent le choc en situation d'excédent extérieur ont davantage de marge de manœuvre et doivent être davantage sollicités[15]. Ce sont eux les « locomotives » de l'opération. Il est d'autant plus urgent d'agir que 1975 est une année de récession pour les pays développés, la première depuis l'après-guerre.

En France, compte tenu de l'inflation, le PIB en valeur augmente en 1975 de 12,5 %. Mais il se contracte en volume de 1 % alors que la croissance en volume avait été de 6,3 % en 1973 et 4,5 % en 1974. Aussi, bien que la France ne compte pas parmi les « locomotives », elle

14. Opep signifie Organisation des pays exportateurs de pétrole. Dans les années 1970, elle agit comme un cartel dont le but est de faire monter le plus possible les prix du pétrole. Elle est à l'origine des chocs pétroliers, même si leurs causes ne se limitent pas à sa seule volonté.

15. (S – I) + (T – G) = X – M… encore et toujours.

s'engage résolument dans la voie de la relance. Le gouvernement de Jacques Chirac annonce à l'automne 1975 un plan de soutien à la croissance par le biais d'un creusement significatif du déficit budgétaire. Le déficit voté fin 1974 dans la loi de finances initiale pour 1975 est de 4 milliards de francs. Il est porté à 38,2 milliards, soit 2,6 % du PIB. Le contenu de la relance est partagé entre 15 milliards de grands travaux, dont le TGV sera le plus emblématique, 5 milliards d'augmentation des allocations sociales et 18 milliards de baisse d'impôts.

Pourtant, dès novembre 1975, des doutes s'expriment sur la pertinence de cette politique. Lionel Stoléru est alors conseiller économique du président de la République, Valéry Giscard d'Estaing. Interrogé dans une émission de télévision sur la situation du pays, il parle pour la première fois, explicitement, de la nécessité de réformer le marché du travail. Il insiste sur les difficultés à venir et ne cache pas qu'il est illusoire de croire que le retour au plein-emploi puisse se faire exclusivement grâce à la politique budgétaire et à l'augmentation de la demande publique. Au moment même où Lionel Stoléru annonce ses réserves sur l'efficacité du keynésianisme, le nombre de chômeurs vient de dépasser le million. Dès lors, même si en 1976 le taux de croissance retrouve son niveau de 1974 (4,3 %), il est difficile de contester que la relance de l'automne 1975 est un échec. L'OCDE se range d'ailleurs à ce constat d'échec des politiques de relance et des limites de la stratégie des locomotives. De là naît l'idée de créer un groupe d'experts chargé de formuler des recommandations sur la politique économique à suivre. C'est la commission « McCracken », du nom de son président, l'Américain Paul McCracken. Lorsqu'il est choisi pour présider ce groupe, Paul McCracken est professeur d'économie à l'université du Michigan. Il a été auparavant, entre 1969 et 1971, responsable du Council of Economic Advisers, l'équipe des conseillers économiques du président des États-Unis.

En 1977, la commission remet un rapport de près de 400 pages, qui accumule analyses et statistiques. Dans la conclusion du rapport, il est dit :

> « L'évolution récente s'explique pour l'essentiel par la conjonction exceptionnelle dans le temps d'une série d'événements malheureux qui ne se répétera sans doute pas à la même échelle et dont l'effet s'est trouvé amplifié par certaines erreurs de politique économique qui auraient pu être évitées. »

Les erreurs sont en fait au nombre de deux : il s'agit du déficit budgétaire américain et de l'accroissement de dette qui en a résulté d'une part et de l'explosion des salaires en Europe d'autre part.

Les solutions préconisées ?

> « Revoir les priorités et améliorer l'efficience des programmes publics ; faire en sorte que, dans chaque pays, le gouvernement, les syndicats et le patronat parviennent

à un consensus sur la nécessité d'une augmentation des profits et des investissements. »

Et la relance de 1981 en France viendra confirmer les limites, pour ne pas dire les dangers, d'un creusement du déficit budgétaire aboutissant surtout à plus de déficit extérieur.

Plus récemment encore, le Japon a donné l'impression de tout attendre du creusement de son déficit budgétaire pour améliorer les performances de son économie. Et le moins que l'on puisse dire est que les résultats ne furent guère au rendez-vous. De 1994 à 2007, le déficit moyen a été de 6 % du PIB et la dette publique est passée de 120 % du PIB à 240 %. Certes, aucun déficit extérieur n'est apparu. Mais la croissance moyenne n'a été que de 0,4 %.

Pour que les politiques de relance marchent et donnent à la dette publique une justification, il faudrait que rien ne vienne perturber les effets du « multiplicateur », c'est-à-dire que ces effets ne soient pas contrebalancés par d'autres effets. Cela n'est vrai qu'à trois conditions :

- aucun achat ne s'effectue à l'étranger;
- aucun agent économique ne réduit ses dépenses quand l'État augmente les siennes grâce à son endettement;
- aucune entreprise n'ampute la demande effective par une hausse des prix.

La contestation du keynésianisme, et plus fondamentalement de la théorie du multiplicateur, s'est nourrie du non-respect de ces conditions : elle a pointé le gonflement des importations, qui transfère les bénéfices de la relance budgétaire d'un pays à ses partenaires commerciaux, comme ce fut notamment le cas dans la France de 1981 ; elle a pointé la baisse de l'investissement privé qui suit l'augmentation des dépenses publiques, soit l'effet d'éviction que dénonçait déjà Morgenthau ; elle a pointé enfin l'inflation alimentée par la monnaie créée pour financer le déficit budgétaire qui ruina par exemple progressivement l'économie britannique dans les années 1970, au point d'avoir fait de la lutte contre l'inflation l'élément central du programme de Margaret Thatcher.

Cycle économique, dette publique et déficit budgétaire conjoncturel

Cependant, l'héritage keynésien n'est pas à écarter totalement. Ce qu'il faut écarter, ce sont les propos tenus par la plupart des dirigeants politiques pour justifier le déséquilibre des finances publiques. Reprenant l'idée d'une « bonne dette » publique et d'une « mauvaise dette », la classe politique passe en général à côté de ce que doit être ce partage. À l'entendre, la « bonne dette » serait celle qui finance les investissements publics car ceux-ci seraient porteurs de croissance ; la mauvaise serait celle qui finance le fonctionnement. Ce partage repose sur un tropisme qui se veut moderne consistant à apparenter l'État à une entreprise et à affirmer qu'il faut donner au secteur public « l'efficacité du privé ». Or cette conception ignore ce qu'est et ce que devrait être l'État et ce qu'est la substance même de la dépense publique. Il suppose que les dépenses d'investissement préparent l'avenir tandis que celles de fonctionnement le sacrifient. Pourtant, il est facile de voir que le salaire d'un chercheur qui prépare la croissance est comptabilisé en fonctionnement, alors que la construction d'un pont sur une route ne menant nulle part l'est en investissement. Au Japon, cette situation a pris un aspect caricatural. Après avoir construit des ponts sur des petites routes et avoir constaté que ces ponts n'enjambaient aucune rivière, les pouvoirs publics ont entrepris des travaux de terrassement visant à créer des rivières passant sous ces ponts[16].

Vouloir identifier l'État comme une entreprise conduit à une double méprise. D'abord, alors qu'une entreprise est à même de percevoir les moments où elle se trompe dans ses investissements dans la mesure où, du fait de ses erreurs, ses concurrents lui prennent des parts de marché et l'acculent à la faillite, l'État, n'ayant

16. Insistons sur le fait que le Japon, à force de financer par l'accumulation de dette des investissements publics inutiles, a fini par enfermer son économie dans une spirale de croissance molle, dont on sent bien que les conséquences risquent à court terme d'être calamiteuses.

pas de concurrent, ne perd jamais de parts de marché et n'a qu'une idée assez diffuse de ses erreurs.

Ensuite, cela l'éloigne de sa vraie mission et du rôle que l'on doit assigner à la dette publique. Depuis la fin de la phase de reconstruction de l'après-guerre, qui se situe à peu près au début des années 1960, l'économie française et plus largement celle des pays développés connaissent un enchaînement de cycles conjoncturels d'une durée de sept à neuf ans dont les années les plus défavorables furent 1975, 1983, 1993, 2001 et 2009. Le problème que posent ces cycles de moyen terme pour les politiques économiques tient d'ailleurs moins à la phase de récession qu'à la phase d'expansion. En effet, durant cette phase d'expansion, le niveau de croissance atteint est, de cycle en cycle, chaque fois plus bas. Dans les années 1960, la croissance moyenne sur le cycle était en France de 5 %, dans les années 1970 de 4 %, dans les années 1980 de 3 %, dans les années 1990 de 2 % et depuis 2000 de 1 %.

Dès lors, il convient d'interpréter systématiquement les déficits publics comme la somme de deux déficits : d'une part un déficit conjoncturel, correspondant à l'évolution du cycle, et d'autre part un déficit structurel, correspondant à la détérioration objective de la situation des finances publiques. L'objectif que doit se donner une politique budgétaire est de maintenir l'équilibre structurel des finances publiques, en d'autres termes de faire en sorte que le déficit structurel soit nul. Il est donc souhaitable, quand on parle de dette publique, de se référer avant tout au déficit. Et il convient dans l'analyse de ce déficit de faire la différence entre un « bon déficit », le déficit conjoncturel, et un « mauvais déficit », le déficit structurel…

Cela signifie qu'il faut évacuer les discours sur les « dépenses d'avenir » et autre « transition écologique » que l'endettement public pourrait prendre à sa charge. Il convient d'autant plus de les évacuer qu'on a l'impression, à les entendre, que les impôts sont là pour être gaspillés tandis que seuls les emprunts seraient rationnellement utilisés.

Maastricht et sauts de cabri…

« Bien entendu, on peut sauter sur sa chaise comme un cabri en disant "l'Europe !", "l'Europe !", "l'Europe !", mais cela n'aboutit à rien et cela ne signifie rien. »

Tout le monde reconnaît dans cette phrase les propos du général de Gaulle tenus en décembre 1965. Ceux qu'il dénonçait alors étaient les partisans d'un renforcement de l'intégration européenne. Aujourd'hui, les sauts de cabri sont plutôt le fait des antieuropéens stigmatisant les contraintes budgétaires imposées, à les entendre, par le traité de Maastricht. « Dépasser Maastricht », « se défaire du carcan de Maastricht », autant de slogans dont se gargarisent nos hommes politiques et certains commentateurs qui manifestement ignorent de quoi ils parlent. Texte abordant de multiples sujets, le traité de Maastricht porte en matière économique sur les conditions d'accès à l'Union économique et monétaire. En matière de finances publiques, il impose aux impétrants d'avoir un déficit public inférieur à 3 % du PIB et une dette inférieure à 60 %. Néanmoins, il n'indique rien sur ce que doit être la politique budgétaire une fois que l'on est membre de l'Union monétaire.

La presse néerlandaise comme la presse autrichienne se gaussent régulièrement de nos appels à se libérer sur le plan budgétaire de Maastricht quand une lecture juridique précise montre que cette revendication n'a aucun sens.

Maintenant que nous sommes membres de la zone euro, notre politique budgétaire est régie par un traité dit traité sur la stabilité, la coordination et la gouvernance, soit encore TSCG. Ce traité a été voté en France sous la présidence de François Hollande. Son adoption par l'Assemblée nationale a été approuvée par 477 voix contre 70, faisant de ce texte celui ayant reçu le plus de votes favorables de la législature 2012-2017. Il n'en reste pas moins un des plus ignorés, et du grand public et des plateaux de télévision.

Que nous dit ce traité ?

Son grand mérite est d'entériner la distinction entre déficit conjoncturel et déficit structurel. Son article 3 stipule :

« Outre leurs obligations au titre du droit de l'Union européenne et sans préjudice de celles-ci, les parties contractantes appliquent les règles énoncées au présent paragraphe :

a) la situation budgétaire des administrations publiques d'une partie contractante est en équilibre ou en excédent ;

b) la règle énoncée au point a) est considérée comme respectée si le solde structurel annuel des administrations publiques correspond à l'objectif à moyen terme spécifique à chaque pays, tel que défini dans le pacte de stabilité et de croissance révisé, avec une limite inférieure de déficit structurel de 0,5 % du produit intérieur brut aux prix du marché. Les parties contractantes veillent à assurer une convergence rapide vers leur objectif à moyen terme respectif. Le calendrier de cette convergence sera proposé par la Commission européenne, compte tenu des risques qui pèsent sur la soutenabilité des finances publiques de chaque pays. Les progrès réalisés en direction de l'objectif à moyen terme et le respect de cet objectif font l'objet d'une évaluation globale prenant pour référence le solde structurel et comprenant une analyse des dépenses, déduction faite des mesures discrétionnaires en matière de recettes, conformément au pacte de stabilité et de croissance révisé (…). »

Ce texte, tout abscons qu'il est dans son langage technocratique, fait clairement le *distinguo* entre un « bon déficit » – le déficit conjoncturel qui apparaît quand la croissance ralentit et s'essouffle et qui s'efface quand elle est soutenue – et un « mauvais déficit » – le déficit structurel qu'il mentionne explicitement, un déficit qui ignore les cycles économiques et perdure quelles que soient les circonstances.

En France, le déficit structurel n'a presque jamais été résorbé et est resté supérieur à 2 % de ce que l'on appelle le PIB potentiel, c'est-à-dire la production rendue possible sans chômage ni inflation par la structure de son appareil productif. Et la France n'est pas un cas unique. Dans les comptes consolidés de l'OCDE, le déficit structurel était en 2016, année supposée favorable sur le plan économique, de 2,5 % pour l'ensemble de l'OCDE, de 4,3 % pour les États-Unis et de 4,8 % pour le Japon.

Refuser l'apparition d'un déficit structurel est d'autant plus nécessaire que la politique budgétaire à mener pour y parvenir est facile à concevoir. Elle repose sur ce que les économistes appellent le principe d'une gestion en stabilisateurs automatiques. Pour ce faire, il faut :

1) équilibrer les comptes structurels ;

2) faire évoluer leurs dépenses comme le PIB potentiel, c'est-à-dire hors des conséquences des aléas cycliques ;

3) faire évoluer leurs recettes comme le PIB réel, c'est-à-dire comme le PIB directement déterminé par les aléas cycliques.

Si l'on poursuit la lecture de l'article 3 du TSCG, on trouve le paragraphe suivant :

« Les parties contractantes ne peuvent s'écarter temporairement de leur objectif respectif à moyen terme ou de la trajectoire d'ajustement propre à permettre sa réalisation qu'en cas de circonstances exceptionnelles, telles que définies au paragraphe 3, point b). »

Poursuivons le jeu de piste et allons voir ce que sont les « circonstances exceptionnelles ».

Voilà ce que dit le paragraphe 3, point b) :

« Les "circonstances exceptionnelles" font référence à des faits inhabituels indépendants de la volonté de la partie contractante concernée et ayant des effets sensibles sur la situation financière des administrations publiques ou à des périodes de grave récession économique telles que visées dans le pacte de stabilité et de croissance révisé, pour autant que l'écart temporaire de la partie contractante concernée ne mette pas en péril sa soutenabilité budgétaire à moyen terme. »

Le lecteur aura compris que, loin des fantasmes sur « Maastricht terrassé », l'Europe a accepté en 2020 une augmentation inédite de la dette publique des États et même de celle portée par l'Union elle-même du fait de « circonstances exceptionnelles ». La prétendue victoire diplomatique de la France sur la psychorigidité de nos partenaires européens de la zone euro, allemands en partie, mais surtout néerlandais et autrichiens, a consisté surtout à enfoncer une porte ouverte sous les applaudissements d'ignares. En revanche, cette étrange victoire rentrera probablement dans l'histoire comme l'exemple d'une victoire à la Pyrrhus. En effet, les « vaincus » (!), qualifiés par les commentateurs de « pays frugaux », ont mis en lumière le peu de sérieux des dirigeants français et ont largement contribué à les discréditer aux yeux des opinions publiques européennes.

Les quatre pays « frugaux » de référence – les Pays-Bas, l'Autriche, le Danemark, la Suède – ont exprimé leurs réserves sur l'augmentation tous azimuts des dettes publiques en Europe. Pour avoir osé affirmer que l'accumulation de dette publique, sous toutes les formes possibles et imaginables, menace l'avenir, ils ont fait l'objet d'un procès en pingrerie. Le chef du gouvernement portugais parle à propos des réticences de son homologue néerlandais de « mesquinerie récurrente ». En fait, les « frugaux » ne s'opposent pas à la mise en œuvre d'une certaine solidarité au sein de l'Union. Ils rappellent simplement que celle-ci doit aller des riches vers les pauvres et non pas des pays qui respectent leurs engagements vers ceux qui ignorent constamment et sans vergogne les règles et les traités. Ces traités fixent un plafond de 0,5 % du PIB pour le déficit public structurel. En 2019, l'excédent structurel des Pays-Bas était de 1 %, celui de la Suède de 0,6 %, celui de l'Autriche de 0,4 %, tandis que le Danemark contenait son déficit à 0,5 %. En revanche, le déficit structurel de la France était de 3 %, celui de l'Espagne de 1,9 % et celui de l'Italie de 1,5 %. Parler de Maastricht en sautant d'indignation comme des cabris n'efface pas cette dure réalité.

Où les économistes modernes retrouvent saint Thomas et Calvin

Pour l'économiste américain Richard Musgrave, le rôle de l'État est clairement identifié. Il le précise dans un texte de 1959, intitulé *The Theory of Public Finance.* Il y décrit trois fonctions économiques pour l'État. Ces trois fonctions sont :

- La fonction dite d'« allocation ». L'État doit intervenir sur l'allocation des ressources pour atteindre des objectifs jugés économiquement ou socialement plus satisfaisants que ceux qui résultent du marché. En guise d'exemple, on voit que l'État peut utiliser la fiscalité pour encadrer certaines consommations. Ainsi, en augmentant le prix du tabac, il incite normalement la population à limiter l'usage de ce produit nocif. Certes, il doit agir avec habileté et mesure, de façon à ne pas favoriser l'apparition d'une importante contrebande et de la criminalité afférente. Mais, par les impôts indirects dont il frappe le tabac, l'État en réduit la consommation. De même, la fiscalité sur le pétrole doit se donner comme objectif non seulement de fournir à l'État des ressources simples à collecter, mais là encore d'inciter à une moindre consommation de ce produit non renouvelable.

- La fonction dite de « redistribution ». L'État démocratique cherche en général à corriger la répartition initiale des revenus afin de réduire les inégalités. Il agit en conformité avec la vision que la société se fait de la justice sociale. Pour atteindre le résultat voulu, il dispose de la fiscalité. Mais il peut également améliorer la situation des catégories sociales jugées *a priori* comme défavorisées en utilisant ses dépenses. C'est en particulier le point de vue que Walter Heller retiendra dans son livre de 1966.
- La fonction de « stabilisation ». Dans cette logique, l'État se donne comme objectif d'assurer une croissance économique équilibrée, c'est-à-dire de faire en sorte d'assurer le plein-emploi sans inflation et sans déficit extérieur. Mais cette fonction s'incarne dans la mise en œuvre de politiques monétaire et budgétaire visant à lisser les aléas du cycle. La croissance de long terme obéit à une logique sur laquelle l'État n'a pas de prise immédiate.

Cela signifie que toute dépense publique a vocation à être financée par l'impôt. Néanmoins, les cycles économiques ou les chocs subis par l'économie comme les confinements qui ont été imposés par la Covid-19 font qu'il ne peut y avoir parfaite simultanéité entre la perception de l'impôt et la réalisation des dépenses. Dans une gestion en stabilisateurs automatiques, les impôts dépendant du PIB réel rentrent moins dans la période défavorable du cycle. Résultat : apparaît à ce moment-là un déficit conjoncturel qui correspond en quelque sorte à un découvert de trésorerie. En revanche, les rentrées fiscales se font plus abondantes dans la phase de reprise, apurant la dette de la phase récessive. Une saine gestion en stabilisateurs automatiques alterne excédents et déficits conjoncturels.

Force est de constater que nos dirigeants comprennent assez bien l'idée d'un indispensable déficit conjoncturel mais ont du mal à concevoir celle d'un excédent. On se souvient par exemple que, pendant les premières années de la cohabitation de 1997 à 2002 entre Jacques Chirac et Lionel Jospin, la croissance particulièrement forte due à un bon positionnement dans le cycle avait généré un surplus de recettes fiscales de près de l'équivalent de 8 milliards d'euros. Jacques Chirac avait alors parlé de « cagnotte », si bien que le gouvernement Jospin, loin de se féliciter de ce surplus et de le déclarer normal, s'était empressé de le dépenser.

Quoi qu'il en soit, tout le monde comprend, même s'il ne l'admet pas, que le déficit structurel, qui correspond à un écart durable entre recettes et dépenses, est insupportable.

En fait, pour revenir à saint Thomas et Calvin qui nous guidèrent au début de ce chapitre, le déficit conjoncturel n'est pas sans rappeler les « prêts de consommation » de Calvin. Ces prêts, qui doivent être bannis de la sphère privée, ont vocation en revanche à fonder la politique budgétaire. Comme l'avaient pressenti saint Thomas et les scolastiques, la dette privée trouve sa justification dans le financement de l'investissement apportant une amélioration structurelle de la croissance, à savoir dans les « prêts de production » de Calvin. Quant à la dette publique, elle trouve la sienne en tant que réponse aux aléas conjoncturels, notamment les fluctuations cycliques. Elle incarne les seuls « prêts de consommation » acceptables.

Les « prêts de production » doivent être privés ; les « prêts de consommation » doivent rester publics.

Et l'argent magique dans tout cela…

Si donc les évolutions cycliques doivent être compensées par du déficit public, comment ce déficit conjoncturel doit-il être financé ?

Parmi les emprunteurs potentiels donnant lieu à création de monnaie selon le schéma que nous avons détaillé au chapitre précédent, il y a bien évidemment l'État. Quand il emprunte, dans un premier temps, les banques qui achètent ces emprunts – les « spécialistes en valeurs du Trésor » ou encore, en abrégé, les SVT – créent de la monnaie. Rappelons que la Banque centrale ne participe pas à ces achats. La Banque de France ne fait pas partie des SVT. Puis deux cas se présentent.

Dans un premier cas, les titres publics restent détenus par une banque et la création de monnaie est consolidée. Il y a au sens étymologique du mot « monétisation de la dette publique ». La monétisation, souvent assimilée au rachat par la Banque centrale, correspond en fait à l'achat par les banques commerciales, qui, rappelons-le, sont les institutions créant de la monnaie. Dans un second cas, les emprunts sont revendus à des particuliers. Dans ce cas précis, le compte courant du particulier-acheteur est débité du montant de son achat tandis que, simultanément, les titres publics disparaissent de l'actif des banques. La monnaie créée disparaît de ce fait et la dette publique devient un objet d'épargne et un élément du patrimoine des agents non financiers. En France, cette opération est portée en général par la distribution par les banques des produits d'assurance vie dont la popularité ancienne a fait que 40 % de la dette publique est détenue par les Français. Avec comme conséquence qu'une annulation de la dette publique ne peut se faire à l'aveugle.

Une des missions, plus ou moins affichée, de la Banque centrale est de racheter la dette publique quand les banques commerciales qui l'ont achetée s'inquiètent d'une éventuelle banqueroute. Sur le plan comptable, quand ce rachat devient effectif, les banques commerciales modifient la structure de leur actif. Elles substituent à la dette publique une augmentation du compte courant qu'elles détiennent auprès de la Banque centrale. Mais leur passif et donc la masse monétaire ne changent pas. La monétisation de la dette est alors confortée et c'est pour cela que les commentaires rapides parlent de « planche à billets ». Mais on ne doit pas se tromper : la monétisation effective a été réalisée auparavant par les SVT.

La détention de la dette publique par la Banque centrale n'est pas une monétisation au sens strict du terme mais elle est assimilable à une annulation de la dette publique. Elle a pour l'État le même effet qu'une banqueroute. En effet, l'engagement d'un État endetté est de verser les intérêts sans se soucier du capital. Quand la dette est détenue par la Banque centrale, c'est elle qui reçoit les intérêts. Et comme elle appartient désormais à l'État, elle s'empresse de les lui reverser. Cela signifie que la dette détenue par la Banque centrale ne coûte rien à l'État, comme si elle n'existait pas. C'est ainsi que la dette publique japonaise a pu atteindre 250 % du PIB parce que 40 % de cette dette est entre les mains de la Banque du Japon. Comme les banques commerciales qui l'ont initialement financée en ont conservé 25 %, cela signifie que cette dette a été finalement financée à hauteur de 65 % par la création monétaire et 35 % par un recours à l'épargne. En zone euro, la situation est plus complexe du fait que la BCE appartient à plusieurs États entre lesquels le retour des intérêts doit être partagé. Le gonflement du bilan de la Banque centrale par rachat de dette publique n'injecte pas de monnaie dans le circuit économique mais il permet aux banques commerciales de le faire sans limites sans que l'État n'en subisse de conséquences immédiates.

Aujourd'hui, il est clair que l'épargne ne pourra éponger qu'une faible part de la création de monnaie qui va financer les déficits dus à la crise sanitaire, eu égard aux montants faramineux de ces derniers (10 % du PIB en France, 19 % aux États-Unis pour l'année 2020). Et il est probable que les banques commerciales, vu là encore les volumes émis, se tourneront vers les Banques centrales qui ont annoncé qu'elles rachèteront sans mégoter les dettes publiques.

Chapitre 3

« On détruit un pays par l'épée ou par la dette[17] »

Si nous avons admis qu'il puisse y avoir un « bon déficit » et donc que la dette qui en résulte soit acceptable, d'où viennent nos inquiétudes ? Il faut en fait mesurer la nocivité de la dette publique, nocivité qui milite pour une application stricte du principe des stabilisateurs automatiques. Pour établir cette nocivité, il convient en premier lieu d'écarter les poncifs erronés la concernant.

Fardeau pour la génération future

Le plus courant est de l'accuser de mettre à mal la solidarité entre les générations. Ainsi, on entend dire souvent que la dette publique est un fardeau qu'une

17. Citation de John Adams, qui fut le deuxième président des États-Unis.

génération transmet à la génération future. Cette assertion, qu'il est manifestement de bon ton de rappeler dès que l'on parle de dette publique, est pourtant plus que contestable.

Dès le XVIIIe siècle, Jean-François Melon en avait montré le caractère approximatif. Il est le secrétaire du célèbre John Law au moment où celui-ci mène juste au début du règne de Louis XV sa politique de monétisation de la dette publique. Cherchant à se justifier après la déroute de Law, il donne sa vision de ce qui s'est passé dans un *Essai politique sur le commerce* qui paraît en 1734. Dans ce livre, il énonce cette formule devenue une référence :

« Par la dette publique, le pays se prête à lui-même[18]. »

Melon insiste sur le fait que la dette publique ne réalise pas un transfert d'une génération à l'autre mais d'un groupe social – les contribuables – vers un autre – les détenteurs de titres publics –, qui perçoit les intérêts.

Cela signifie que, si la dette pénalise ceux qui paient les impôts, elle est simultanément une source de revenus pour les épargnants. Elle est moins un problème de relation entre jeunes et vieux qu'entre cigales et fourmis. Ce même XVIIIe siècle s'est d'ailleurs illustré par la

18. Montesquieu a repris la formule dans son *Mémoire sur les dettes de l'État*, si bien que certains auteurs, dont Keynes, lui en attribuent la paternité.

publication en 1784 d'une défense et illustration de la dette publique intitulée le *Testament de Fortuné Ricard, maître d'arithmétique.* Dans ce livre, Fortuné Ricard cède à chacun de ses héritiers un titre de dette publique, dette à l'époque perpétuelle, c'est-à-dire leur garantissant à l'infini des temps un revenu régulier. Le texte précise même que, pourvu qu'ils soient capables d'économiser une partie des intérêts qu'ils reçoivent, ces héritiers pourront acheter d'autres titres de dette publique et devenir ainsi immensément riches. Si l'auteur probable de ce texte, un nommé Charles Joseph Mathon de La Cour, a été guillotiné en 1793, ce fut pour ses origines nobles mais pas pour ses thèses économiques !

Au XIXe siècle, David Ricardo précise cette idée de « fardeau pour la génération future ». Puisque dans les générations futures il y a les contribuables qui auront à payer les intérêts de la dette et qui vivront cette nécessité comme un fardeau, mais qu'il y a également les héritiers des souscripteurs qui en tireront un revenu et n'assimileront certainement pas la dette à un fardeau, Ricardo conclut que la dette publique n'opère pas un transfert entre les générations mais un transfert social dans la génération qui suit celle qui a émis les emprunts. Dans cette génération suivante, les pauvres doivent payer des impôts pour que l'État verse des intérêts à ce qu'il est convenu d'appeler des rentiers. La dette publique est de ce fait un mécanisme antiredistributif. En langage économique moderne, on parle de *« Robin*

Hood reversed », c'est-à-dire d'une situation où l'État joue un rôle inverse de celui de Robin des Bois, puisqu'il prend de l'argent aux pauvres pour le reverser aux riches. C'est pour cela qu'au XIXe siècle les partis de gauche réclamaient l'équilibre budgétaire au nom de la nécessité de protéger les pauvres des générations futures. Paradoxalement, aujourd'hui, ce sont des économistes et des hommes politiques qui se réclament de la gauche qui se font les défenseurs les plus actifs de la relance par la dépense publique et l'endettement.

Dans sa mission de définition des objets économiques qu'il mesure, l'Insee précise :

> « La dette publique correspond à une part des engagements financiers pris au nom des générations futures, engagements qui peuvent peser sur la capacité des administrations publiques à répondre à leurs besoins. »

Impliquant les générations futures, cette définition réclame donc que nous allions plus loin dans l'identification des conséquences négatives de la dette.

Distinguer les enjeux de dette publique et ceux du déséquilibre extérieur

Parmi les exemples de crises liées à des excès d'endettement, il est usuel de montrer du doigt les soubresauts argentins et de menacer les États surendettés d'une mise en tutelle du FMI, à l'instar de ce que subit régulièrement l'Argentine. Pourtant, le Japon d'aujourd'hui, dont la dette publique est abyssale, ne semble guère menacé par le FMI, alors que la Corée du Sud de la fin des années 1990 a dû le solliciter malgré un excédent budgétaire significatif. En fait, il y a en général, dans la prise en compte de ces exemples, confusion dans les esprits entre la dette extérieure, publique et privée, et la dette publique, quasi exclusivement intérieure dans la mesure où elle est libellée en monnaie nationale. Au cours de la crise grecque de 2010-2015, on a connu la même confusion. Certains ont proposé que la Grèce quitte la zone euro, afin de pouvoir dévaluer sa monnaie et de chercher dans les exportations rendues ainsi moins chères les moyens de rééquilibrer ses comptes extérieurs. Mais cette solution reposait clairement sur la confusion entre la dette publique et la dette extérieure.

La dette publique est la dette de l'État, ce n'est pas la dette du pays, un pays étant économiquement parlant une zone rendue homogène par l'usage de la même monnaie. Il s'agit d'une zone ayant une balance des paiements courants qui retrace ses échanges avec les autres pays. Quand un pays est en déficit, les acteurs qui opèrent sur son territoire empruntent de la monnaie mondiale pour solder ce déficit. En pratique, de nos jours, un pays en déficit a besoin de dollars. Or les États ne gèrent pas des dollars, ils gèrent leur monnaie nationale : les impôts sont payés en monnaie nationale et les dépenses sont également effectuées en monnaie nationale. Le système bancaire, singulièrement la Banque centrale, est le gestionnaire des dollars, donc des devises étrangères, et un pays fait défaut lorsque, sur le marché des changes, sa Banque centrale se trouve dans l'incapacité de fournir les devises qu'on lui réclame. Mais ce pays n'est pas l'État qui le gère. La France, comme la Grèce, ne se confond pas avec l'État français. L'État français, tout comme l'État grec, s'endette en euros et son problème de retour à l'équilibre repose sur sa capacité à réduire ses dépenses en euros et à obtenir de sa population des recettes en euros. Ceci précisé, il convient de rappeler que la situation extérieure d'un pays est liée de façon comptable à celle des finances publiques. Chaque économie respecte – encore et toujours… – l'identité comptable (S – I) + (T – G) = X – M où S est l'épargne, I l'investissement, T les impôts, G la dépense publique et X – M le déficit de balance des paiements courants. Il existe en économie une savante alchimie entre le déficit de l'État, la situation d'épargne des ménages et le déficit extérieur. L'Argentine est victime de son déficit extérieur et, pour le corriger, le FMI qui lui prête les dollars qui lui manquent fait pression sur (T – G) pour équilibrer (X – M). En 2020, cinq pays se sont déclarés incapables de rembourser leur dette extérieure, à savoir l'Argentine, l'Équateur, le Liban, le Suriname et la Zambie. Dans une situation de dette extérieure, l'argent magique est en dollars et les pays concernés n'en fabriquent pas. Il y a alors trois types de pays. Au sommet de l'économie mondiale, le pays alchimiste par excellence, les États-Unis, qui fabriquent l'argent magique mondialisé. Cela leur permet non seulement d'être systématiquement en déficit extérieur, mais également de prétendre se mêler de la vie économique quotidienne des autres pays au prétexte que ceux-ci utilisent le dollar. Au deuxième niveau, les pays dont la monnaie est convertible en dollars sur un marché des changes, dans des conditions de relative liberté et dont le taux de change, bien que variant sans cesse, reste compris dans une fourchette de faible amplitude. Au troisième niveau, les pays dont la Banque centrale peut produire comme les autres un « argent magique » mais qui a ceci de particulier que celui-ci n'est pas reconnu comme tel à l'extérieur de leurs frontières et de moins en moins à l'intérieur.

Il se trouve que la France, qui est persuadée, du fait du discours de ses dirigeants, d'être un pays très épargnant, manque d'épargne puisque X – M y est négatif. Voire très négatif. En 2020, le déficit extérieur a été de 53 milliards d'euros. L'épargne excédentaire privée que l'on montre du doigt n'a pas été en mesure de compenser les 206 milliards d'euros de déficit de l'État. La France, comme l'Argentine de la légende maudite de la dette, souffre de *twin deficits*. Une épargne privée surabondante comme au Japon effacerait le déficit extérieur. Mais cela ne corrigerait pas les problèmes réels que pose le déficit budgétaire.

Les véritables arguments contre la dette publique : inflation, éviction, dollarisation

Quels sont ces problèmes ? Nous en identifions trois.

Premier problème : inflation

Ce premier problème réside dans ce principe fondateur de la science économique qu'est l'égalité entre l'offre et la demande. Toute dépense publique non financée par un prélèvement sur la dépense privée augmente la demande. Si cette augmentation se pérennise, elle entraîne soit un apport d'offre extérieure, et donc un creusement du déficit extérieur, soit une possibilité offerte au système productif d'augmenter ses prix, autrement dit une relance de l'inflation. Un retour de l'inflation lié à la dette publique est un des débats du moment. Pour cadrer « l'inflation des théories » à propos de l'inflation que nous avons présentée dans le premier chapitre, le plus simple est de rappeler quelques vérités qui rassemblent les économistes. Nous allons pour ce faire nous appuyer sur les écrits de l'économiste américain Nicholas Gregory Mankiw. Il est l'auteur des *Principes de l'économie* manuel économique de référence qu'utilise la grande majorité des étudiants à la surface de la planète. Dans le premier chapitre de ce manuel, il fixe les dix principes qui fondent la science économique[19]. Le

19. Ces dix principes s'énoncent comme suit :
1. Les individus font face à des arbitrages (il n'y a pas de « *free lunch* »).

principe 9 dit : « Les prix augmentent lorsque les autorités publiques impriment trop de monnaie. » On rejoint le sentiment assez largement répandu du lien entre excès de monnaie en circulation et hausse des prix, lien que nous avons déjà, plus ou moins explicitement, utilisé. Pour comprendre ce lien, il nous faut être ici un peu plus précis. Nous allons partir de l'équation quantitative de la monnaie, équation qui formalise mathématiquement le lien entre la quantité de monnaie mise en circulation et donc sa création et le niveau général des prix. Ce lien s'écrit $\mu V = pY$, où μ désigne la quantité de monnaie, que l'on appelle la masse monétaire, V sa vitesse de circulation, soit le nombre de fois sur une période donnée où un titre monétaire est utilisé, Y la production, à savoir le PIB, et p le niveau général des prix. On voit bien que quand ce niveau augmente, c'est-à-dire en cas d'inflation, cela implique que μ augmente. En revanche,

---

2. Le coût de quelque chose correspond à ce qu'il faut abandonner pour l'obtenir.
3. Des individus rationnels pensent à la marge.
4. Les individus répondent aux incitations, c'est-à-dire aux coûts et bénéfices de différentes actions.
5. La liberté des échanges peut améliorer la situation de tous.
6. Les marchés en situation de concurrence sont généralement un bon mécanisme d'organisation de l'activité économique.
7. L'action de l'État peut être utile dans certaines circonstances.
8. Le pouvoir d'achat d'un pays dépend de sa capacité à produire des biens et services.
9. Les prix augmentent lorsque les autorités publiques impriment trop de monnaie.
10. À court terme, il existe un arbitrage entre inflation et chômage.

une augmentation de μ débouche soit sur l'inflation, soit sur une hausse des transactions et de la production.

Dans les années 1970, époque où l'inflation s'emballait, il était de bon ton de dire qu'à défaut d'élaborer une théorie de l'inflation, les économistes avaient produit à son sujet une inflation de théories. Pour mettre de l'ordre dans cette profusion, on identifiait alors deux formes d'inflation : l'une par la demande, en d'autres termes une inflation due à une augmentation des revenus indépendante de l'évolution de la production ; l'autre par les coûts, qui correspond à une hausse des prix issue de la répercussion par les entreprises dans leurs prix des tensions sur leurs coûts, notamment salariaux.

Quoi qu'il en soit, ce que confirme l'équation quantitative de la monnaie est que l'inflation suppose une augmentation de la quantité de monnaie en circulation. Constat que résumait l'économiste Milton Friedman en déclarant qu'« en tout et en tout lieu, l'inflation est et a été un phénomène monétaire ». Dans son approche théorique, Milton Friedman partait du principe que la vitesse de circulation de la monnaie était constante. Or ce à quoi on a assisté ces derniers temps, c'est que l'augmentation de μ a été systématiquement compensée par une baisse de V. D'après la Banque mondiale, si nous retenons l'indice 100 pour le ratio pY / μ (c'est-à-dire pour V) en 2000 pour l'ensemble de l'économie de la planète, aujourd'hui, ce ratio n'est plus qu'à l'indice 80.

Dans le cas des pays de l'OCDE, on a une évolution similaire puisqu'on passe à l'indice 81…

La période actuelle est caractérisée par la faiblesse de l'inflation, pour ne pas dire son absence. D'ailleurs, l'inflation en tant que hausse « générale et durable » des prix selon la définition de l'Insee a été historiquement plutôt rare. Les XIXe et XXe siècles ont eu en la matière des destins radicalement contraires qui permettent de relativiser les avantages que l'on attribue à une inflation régulière mais modérée. Au XIXe siècle, l'indice des prix, sur une base 100 en 1820, était descendu à 76 en 1913. Voilà donc un siècle qui a connu une croissance économique soutenue et une modification en profondeur des conditions de vie de la population et qui a accru la valeur de la monnaie. En revanche, le XXe siècle, qui a amplifié la croissance du XIXe siècle mais a connu deux guerres mondiales particulièrement meurtrières, a subi une inflation phénoménale ayant réduit à la misère des pans entiers des sociétés concernées. Pour illustrer les évolutions de prix du XXe siècle, il faut savoir que 1 franc de 1913 avait le pouvoir d'achat de 4 euros d'aujourd'hui. C'est-à-dire que, compte tenu du passage au nouveau franc dans les années 1960 et à l'euro dans les années 2000, les prix ont été multipliés en un siècle par… 2 540 !

Cette inflation était sinon suscitée, du moins nourrie par les déficits budgétaires financés par la création monétaire. En 1943, ce déficit était de 40 % du PIB (les

10 % de 2020 en sont loin mais cela ne signifie pas qu'ils ne sont pas problématiques…)! Résultat : entre 1938 et 1946, les prix ont été multipliés par 17.

Puisque la relance de l'inflation au xxe siècle a été la conséquence d'une explosion de la dette publique, certains économistes font du taux d'inflation le mètre étalon de l'évaluation de la politique économique. C'est le taux d'inflation qui détermine le moment où l'État doit commencer à se gendarmer et où la Banque centrale doit cesser de racheter les titres de dette publique. Pour ces économistes, tant que l'inflation ne se manifeste pas, l'État peut et doit continuer à s'endetter. Présentés comme les tenants de la TMM (pour Théorie monétaire moderne) ou encore de la MMT (pour *Modern monetary theory*), ils appellent à un accroissement systématique des dépenses publiques financées par un endettement de l'État, endettement lui-même porté par la Banque centrale avec comme but de satisfaire aux objectifs de Musgrave en termes de redistribution et de lutte contre les externalités. Cet accroissement ne trouverait son plafond qu'au moment d'un retour de l'inflation. Ce raisonnement qui paraît à la fois simple et imparable se heurte à la vision réductrice de l'inflation qui le fonde. Nous avons défini l'inflation comme une hausse autoentretenue de l'indice des prix à la consommation. Mais on ne saurait en rester là. On ne peut négliger les causes de cette hausse, c'est-à-dire le fait qu'elle traduit un excès de demande par rapport à l'offre. L'économie oscille entre un excès de demande qui donne de l'inflation et un excès d'offre qui donne du chômage. C'est le point 10 de Mankiw dans les dix principes que nous avons énoncés en note précédemment. Et donc, pour les défenseurs de la TMM, il faut accroître la demande publique tant que la demande globale n'est pas excessive, c'est-à-dire tant qu'il n'y a pas d'inflation. La dynamique monétaire du monde de la TMM ne repose plus sur la pioche du chercheur d'or ou sur l'audace entrepreneuriale du banquier mais sur l'expansion de la demande publique.

Cela ne va pas sans difficulté.

La première est institutionnelle. Il s'agit de l'indépendance de la Banque centrale. Cette indépendance qui est chère en particulier aux Allemands n'est pas le fruit d'une lubie et s'est imposée un peu partout dans le monde. Les Français pourraient se convaincre de son utilité en pensant à Frédéric Cuvier. Nous nous retrouvons pendant la guerre de 1870. Frédéric Cuvier est sous-gouverneur de la Banque de France où il est responsable des rapports avec l'État. En décembre 1870, l'entourage de Léon Gambetta, l'homme fort du gouvernement, lui demande d'ouvrir un crédit à l'État de 400 millions de francs (soit 2,7 % du PIB) pour acheter des armes et des munitions. Il refuse, arguant que l'État a atteint son plafond de découvert. Gambetta, estomaqué, menace de le faire fusiller pour haute trahison. Cuvier lui répond que ceux qui trahissent la France sont ceux qui portent atteinte à la crédibilité de la monnaie et se déclare prêt à être fusillé… Or l'indépendance de la Banque centrale ne peut être effective et n'a de sens que si elle n'est pas obligée de financer l'État et ne se trouve pas ainsi réduite à devenir une sorte d'annexe du Trésor public.

La seconde difficulté tient à ce qu'il est abusif d'associer toute demande excessive à de l'inflation. Ce serait le cas si cette demande ne pouvait pas être absorbée par une nouvelle offre. Mais quand la demande devient excessive dans les économies modernes mondialisées, ce ne sont pas les prix qui augmentent mais les importations. Nous retrouvons encore et toujours la logique des *twin deficits.* S'il ne faut pas confondre dette publique et dette extérieure, il n'en reste pas moins que dans une économie ouverte, la dette publique a tendance à se transformer en dette extérieure. C'est-à-dire que la ponction sur le pouvoir d'achat qu'aurait opérée naguère l'inflation est différée dans l'économie moderne par une accumulation de dette extérieure. Dès lors, au travers de la dette publique, c'est de moins en moins le « pays qui se prête à lui-même », avec comme conséquence que la dette, devenue une dette extérieure, se transforme effectivement en un fardeau pour la génération future.

Deuxième problème : éviction

Ce deuxième problème tient à ce que l'augmentation de la dette publique provoque des anticipations négatives chez les acteurs privés qui vont se traduire par des évictions de la dépense privée, que celle-ci soit de consommation ou d'investissement. Cette critique d'une dette générant des anticipations remettant en cause l'efficacité supposée de la politique budgétaire s'appuie sur des idées relativement anciennes mais qui ont été actualisées avec les mutations de l'économie.

Au début du XIXe siècle, David Ricardo, alors l'économiste de référence, affirme qu'il y a un lien automatique entre l'endettement de l'État et la baisse des dépenses privées. Cela tient à ce qu'il y a en fait équivalence économique dans le financement de l'État entre l'emprunt et l'impôt. Dans les deux cas, l'État ponctionne les revenus des acteurs privés. Par l'impôt, c'est sous la contrainte; par l'emprunt, c'est sur une base volontaire. Résultat : les moyens dont disposent les agents privés sont amputés. Pour contrer ce raisonnement, les keynésiens ont proposé de financer le déficit non par un appel à l'épargne, mais par le crédit bancaire et donc la création monétaire. Ainsi, la monnaie créée pour financer le déficit budgétaire n'est subtilisée à personne.

De nos jours, les partisans de ce que l'on appelle la « nouvelle macroéconomie classique » remettent en cause cette idée. Pour eux, malgré l'arrivée de l'« argent magique » que Ricardo ne pouvait pas imaginer, l'augmentation de la dette publique débouche sur une baisse de la dépense privée. C'est-à-dire que la dette change la nature de la dépense mais pas son volume. Elle substitue de la dépense publique à la dépense privée. Il y a, pour utiliser un mot qu'affectionnent les économistes, un effet d'éviction. En 1969, avant le choc pétrolier, paraît un article intitulé *« Real Wages, Employment, and Inflation »*. L'auteur, Robert Lucas, qui obtient le prix Nobel en 1995, est le principal théoricien de la « nouvelle macroéconomie classique ».

D'emblée, il s'affiche en opposant direct à Keynes et à ses théories. Il l'accuse à titre personnel d'avoir commis trois erreurs fondamentales.

La première est d'avoir pris à la légère les travaux de ses prédécesseurs et d'en avoir fait une critique caricaturale, traduisant davantage son inculture que l'originalité de sa pensée. La deuxième est de s'être éloigné de la logique des néoclassiques et singulièrement de celle du Français Léon Walras tendant à chercher les conditions de l'équilibre général et plus particulièrement de l'équilibre sur le marché de l'emploi, par incapacité intellectuelle à comprendre les écrits de ce grand économiste. La troisième est de s'être montré en général confus. Comment dès lors expliquer le succès de Keynes et de ses disciples ? Pour Lucas, deux raisons essentielles permettent de le comprendre. La première est que Keynes a correspondu, à un moment donné, à « l'air du temps ». Les politiques de grands travaux menées pour réduire la crise de 1929 ont moins été inspirées par Keynes que justifiées *a posteriori* par lui. La seconde est que le keynésianisme permet de mettre facilement l'économie en équations économétriques et donc de faire des modèles de projection et de prévisions conjoncturelles. Or ces modèles sont l'outil de base dont se servent les bureaucraties économiques publiques nées après la Seconde Guerre mondiale, si bien que celles-ci font tout pour le faire vivre, même artificiellement.

En termes de finances publiques, Lucas part d'une hypothèse fondamentale, celle des anticipations rationnelles. Exposée de façon systématique pour la première fois en 1961 par un nommé John Muth, cette hypothèse postule que les agents économiques anticipent les conséquences des décisions prises par eux et par les autres acteurs de l'économie, notamment l'État. Pour Milton Friedman, qui cherchait lui aussi au travers de ce que l'on appelle le monétarisme à contester le keynésianisme, il y a anticipations adaptatives. Les agents économiques passent leur temps à revoir leur décision en fonction des événements qu'ils croisent. Pour Robert Lucas, il faut aller plus loin : les agents anticipent ces événements avant même de les croiser. Pour Friedman, face à une hausse d'impôts, les ménages modifient leur comportement d'épargne. Pour Lucas, ils anticipent la hausse en question et modifient leur comportement d'épargne avant que la hausse d'impôts ne soit votée. Autrement dit la dette publique crée une anticipation à la hausse des impôts qui élève le niveau d'épargne des ménages et contracte la consommation, comme au temps de Ricardo.

Disciple de Lucas, Robert Barro conforte l'approche budgétaire de la nouvelle macroéconomie classique. En 1974, en plein débat sur la « théorie des locomotives » et sur la nécessité de pratiquer une politique de relance, dans un article intitulé *« Are Government Bonds Net Wealth ? »*, il se propose d'actualiser et de remettre au goût du jour les raisonnements de Ricardo sur les finances publiques. Anticipant une augmentation prochaine des impôts afin de rembourser la dette et d'éviter ainsi une hausse des taux d'intérêt (on retrouve l'hypothèse des anticipations rationnelles), les acteurs privés accumulent les actifs financiers qu'ils pourront réaliser au moment de faire face à l'accroissement de la pression fiscale. Il énonce ainsi ce que les économistes appellent le « théorème de Ricardo-Barro » :

« La désépargne publique – c'est-à-dire le déficit budgétaire – engendre un surcroît équivalent d'épargne privée[20]. »

Soit encore toute augmentation de demande publique a comme pendant une diminution équivalente de la demande privée. Pour garder le vocabulaire keynésien, Barro écrit que le multiplicateur est en réalité égal à… 0 ! On parle alors de phénomène d'équivalence ricardienne, en référence à David Ricardo.

20. On associe parfois à ce théorème Jean-François Melon, l'économiste du XVIIIe siècle que nous avons évoqué précédemment : on parle alors de théorème de Melon-Ricardo-Barro.

Troisième problème : disparition de la monnaie

Ce troisième problème tient à ce que l'accumulation de dette érode la crédibilité de la monnaie. Les pays qui ont vu leur devise disparaître au profit du dollar du fait de l'emballement de l'endettement public sont encore rares. C'est le cas en particulier des cinq pays qui ont fait défaut en 2020 (rappelons qu'il s'agit de l'Argentine, de l'Équateur, du Liban, du Suriname et de la Zambie). Néanmoins, d'autres pays doivent affronter une dollarisation rampante de leur économie. Précédemment, nous avons identifié trois types d'« argent magique » : le dollar, celui que l'on peut transformer en dollars, et au bas de l'échelle, celui que l'on fuit pour le dollar. Dans les pays de ce troisième cercle, l'argent est de moins en moins magique parce que la Banque centrale est de moins en moins en capacité de faire respecter son privilège d'émission. La défiance à son égard se fonde sur l'extension sans limites de son bilan, extension due en particulier au rachat systématique de dette publique. Pour l'instant, cette défiance ne touche pas la Réserve fédérale américaine et le dollar règne en maître. Il est également loin des préoccupations immédiates des pays développés surendettés. Pourtant, la menace rôde. Nous assistons à un retour en force de l'or, qui demeure dans l'inconscient collectif l'ultime recours monétaire, retour en force que souligne l'envolée de ses cours. Alors qu'au moment de son expulsion du système monétaire international en 1971 son cours était de 35 dollars l'once, celui-ci tangente désormais régulièrement les 2 000 dollars.

L'endettement public pénalise la politique monétaire

Avant d'arriver à cette extrémité qu'est la destruction d'une monnaie, la dette publique en perturbe la gestion.

Il est courant d'affirmer que la raréfaction progressive des prêteurs fixe une borne au-delà de laquelle les États ne peuvent plus emprunter. Voilà encore une idée souvent avancée qui n'a pas de sens mais qui conduit malgré tout à s'interroger sur la nocivité de la dette publique. Ceux qui pensent en effet que les États sont contraints par la nécessité de persuader « les marchés » de les financer oublient que, dès lors que la Banque centrale agit en prêteur en dernier ressort, les banques achètent et achèteront sans problème une dette dont elles pourront, si elles le souhaitent, se défaire en la lui revendant. L'idée de cette toute-puissance des marchés repose souvent sur la confusion entre la dette publique et la dette extérieure. Elle ignore les trois niveaux d'« argent magique » dont nous venons de parler et fait peu de cas des pays dont la Banque centrale a préservé son privilège d'émission. Il n'en reste pas moins que l'idée d'une réaction destructrice des marchés à l'accumulation de dette est approximative. Concernant le maître du jeu monétaire que sont les États-Unis, elle est largement obsolète. Toutefois subsiste un constat qui est celui que la dette publique désorganise, en tout temps et en tout lieu, la détermination des taux d'intérêt.

La logique qui sous-tend normalement tout raisonnement économique est une analyse de l'économie principalement en termes de flux qui s'échangent sur un marché, l'un constituant une offre et l'autre une demande. À l'équilibre du marché, l'égalité entre l'offre et la demande est obtenue grâce à un prix. On peut appliquer cette analyse à l'endettement privé. L'offre est l'épargne des ménages d'une part et les crédits bancaires d'autre part. La demande est le besoin des entreprises en actions et en obligations pour financer leurs investissements. L'égalité entre le flux d'épargne et le flux d'investissement est obtenue grâce à ce prix qu'est le taux d'intérêt. Supposons que l'on manque d'épargne et que la volonté d'investir des entreprises réclame une mobilisation supplémentaire de capitaux. Dans ce cas-là, la demande est supérieure à l'offre et le taux d'intérêt monte. Cela a deux conséquences : certaines entreprises ne souhaitent plus investir à un taux désormais plus élevé, la demande baisse; certains épargnants sont attirés par les taux plus hauts, l'offre augmente. *In fine*, l'équilibre se fait.

Or, en termes de dette publique, depuis les origines de l'économie politique au travers des écrits de Turgot et de Condorcet, deux économistes renommés du XVIIIe siècle, il est apparu que ce mécanisme ne s'applique pas. En effet, c'est le stock en tant que tel – la dette – et non pas le flux – le déficit – qui détermine le prix – le taux d'intérêt. Pour Condorcet, les prêteurs s'interrogent quand ils apportent leurs fonds à l'État sur sa capacité à verser tous les ans les intérêts dus. Plus ils pensent que l'État s'apprête à faire banqueroute et plus ils vont réclamer des taux élevés de manière à avoir accumulé le plus possible avant la cessation de paiement. S'ils pensent que l'État va faire banqueroute dans vingt ans, ils réclament 5 %. En effet, ce faisant, au moment de la banqueroute, ils sont juste rentrés dans leurs fonds. S'ils pensent que la banqueroute aura lieu dans trente ans, ils demandent 3,33 %. Et s'ils s'attendent à une banqueroute dans cinq ans, ils exigent 20 %. Pour fonder leur opinion et évaluer la date probable de la prochaine banqueroute, les prêteurs partent du stock de dette, et sur ce qu'il représente en blocage sur le reste des dépenses publiques. Ainsi, le stock de dette perturbe le fonctionnement des marchés financiers et le mode naturel de détermination des taux d'intérêt. Condorcet développe en réalité un raisonnement très moderne en anticipation rationnelle. Mais par rapport à Robert Lucas, ces anticipations ne se traduisent pas par la hausse de la quantité d'épargne mais par son prix, le taux d'intérêt. Cette idée d'un stock de dette prédéterminant l'évolution des taux d'intérêt s'est maintenue au XIXe siècle, bien que légèrement amendée. Pour les économistes anglais des années 1820, ceux de la génération de David Ricardo, le prêteur cherche à transformer son capital initial en revenus. Il le confie donc à l'État qui l'emprunte sous forme de rente perpétuelle, c'est-à-dire avec comme engagement de verser tous les ans les intérêts prévus. Le calcul implicite du prêteur est que la somme des revenus perçus pendant toute sa vie corresponde à ce capital initial qu'il a, d'une certaine façon en le confiant à l'État, mis à l'abri des voleurs et des malversations financières. Comme ils évaluent la durée de vie de l'épargnant à environ 35 ans, le taux d'intérêt naturel sur la dette publique est donc de 3 %. Ainsi depuis Condorcet, pour des raisons diverses, il paraît clair que la dette publique modifie les paramètres de flux tout en étant un stock. Au XVIIIe siècle, c'est le risque que représentait le comportement de l'État qui explique ce résultat. Paradoxalement, au XIXe siècle, c'est la sûreté qu'il incarne qui en est l'explication. Conclusion constante : il est indispensable d'éviter l'effet déstabilisant de la dette publique sur les taux en en limitant le volume.

Cela reste d'actualité. C'est d'ailleurs pour cela que certains économistes ont eu récemment l'idée de réduire le stock affiché en annulant la dette détenue par la Banque centrale. Cela n'aurait de conséquence que d'affichage puisque la détention d'une partie de la dette publique par la Banque centrale a le même effet économique pour l'État que son annulation. Mais en modifiant l'affichage et donc les anticipations des agents, cela maintiendrait un taux d'intérêt bas. Le côté artificiel de l'opération en montre la fragilité et amène à se poser la question de savoir en quoi la dette publique influe sur la fixation du taux d'intérêt selon une logique de marché.

Quoi qu'il en soit, si la règle subsiste d'un taux d'intérêt qui fixe le coût de la dette et d'une dette qui fixe le taux d'intérêt, les raisons ont changé. En 2007, à la veille de la récession de 2008-2009, les taux à dix ans sur la dette publique en zone euro allaient de 4,5 % en Allemagne à 4,7 % en Grèce. En octobre 2019, les mêmes taux étaient de – 0,3 % en Allemagne et de 1,4 % en Grèce, pays qui a longtemps inspiré le doute sur sa capacité à honorer ses engagements, notamment du fait des réticences de la BCE à racheter sa dette publique. Cette évolution spectaculaire à la baisse rapide des taux ne concerne pas que l'Europe. Elle est largement partagée, même si en octobre 2019, avant la découverte des premiers cas de Covid-19, les taux négatifs *stricto sensu* étaient concentrés sur la zone euro.

Il n'est pas besoin d'être un grand économiste pour comprendre qu'il y a quelque chose d'aberrant dans une situation de taux d'intérêt négatifs. La question que nous nous posons est de savoir si cette évolution des taux dépend réellement de celle du stock de dette publique. Cette question est d'autant plus pertinente que d'autres explications sont avancées.

La première est que l'évolution à la baisse des taux d'intérêt s'inscrit dans une logique historique de très long terme. Si l'on se réfère aux théories usuelles de la croissance, notamment celles qui ont été formalisées par Robert Solow et qui lui ont valu le prix Nobel d'économie en 1987, le taux d'intérêt de long terme est normalement égal à celui de la croissance potentielle. Cette croissance potentielle est assise sur le travail. Sur sa quantité d'abord (rappelons la formule de Jean Bodin au XVIe siècle : « Il n'est de richesse que d'hommes »…), sur sa qualité, ensuite, c'est-à-dire sur ce que les économistes appellent sa productivité. Cette qualité repose à la fois sur la performance des outils de production, autrement dit sur le progrès technique et sur le niveau de formation des travailleurs. Or l'expérience historique montre que le taux d'intérêt est assez souvent supérieur au taux de croissance potentiel. Car s'ajoutent à ce taux d'intérêt naturel les incertitudes sur l'avenir des emprunteurs, qui peuvent faire faillite quand ils sont privés ou banqueroute quand ils sont publics.

Cette approche est celle en particulier de Thomas Piketty dans son best-seller *Le Capital au XXIe siècle.* Il y fonde son analyse sur une inégalité mathématique devenue une des références du livre, à savoir r > g, où r représente le taux d'intérêt, ou plus largement le taux de rémunération du capital, et g le taux de croissance potentielle. À l'équilibre r = g établi en théorie par Robert Solow correspondrait une réalité où des primes de risque entretiennent la relation r > g. Selon ce schéma, la tendance à la baisse des taux d'intérêt traduirait à la fois des anticipations pessimistes sur la croissance potentielle future et des anticipations optimistes sur les probabilités de faillite au sein du système productif ou de banqueroute parmi les États.

C'est en particulier le point de vue que développe dans ses recherches Paul Schmelzing, historien britannique de l'économie qui a construit une série qui porte sur une très longue période de taux d'intérêt de l'économie dominante depuis le Moyen Âge. Sa série commence à Venise au XIIIe siècle et se termine à New York au XXIe siècle. Pour lui, l'affirmation progressive de l'État de droit, en mettant en place des procédures normalisées de cessation d'activité des entreprises et en imposant aux États de respecter leur signature, a conduit à la réduction des primes de risque. C'est par cette réduction que l'on peut expliquer que l'on soit passés d'un taux d'intérêt réel, c'est-à-dire le taux diminué de l'inflation qui en déforme la valeur, de 9,1 % en 1400 à 1,3 % en 2000. Depuis 2000, la baisse des taux se poursuit, voire s'accélère. Mais elle serait quasi exclusivement nourrie par les doutes sur la croissance potentielle et la conviction de plus en plus répandue que nous entrons dans une période de stagnation séculaire. À l'appui de cette thèse, on peut avancer que les taux d'intérêt dans les Brics (Brésil, Russie, Inde, Chine, Afrique du Sud), les principaux pays émergents, pays qui sont en phase de rattrapage, sont encore largement positifs. Leur niveau de taux d'intérêt doit s'interpréter comme la traduction du fait que ces pays ont encore des réserves de croissance dans la mesure où leur retard sur les pays du G7 n'est pas totalement comblé et comme la traduction d'une sécurité juridique toujours problématique. Ainsi, dans les Brics en question, le taux à dix ans – précisons qu'il s'agit du taux nominal et non pas du taux réel – s'étageait fin 2019 de 8,6 % en Afrique du Sud à 3,3 % en Chine, en passant par 6,6 % au Brésil et 6,5 % en Russie et en Inde. Plus largement, si on écarte les pays dont la situation économique est devenue aberrante comme le Venezuela, les pays où les taux d'intérêt à dix ans étaient fin 2019 à deux chiffres étaient ceux dont l'avenir politique et économique est incertain comme la Turquie – avec un taux affiché de 12,5 % – ou encore le Nigeria – 13 %.

Une autre grille de lecture est de revenir à l'idée fondatrice que le taux d'intérêt est purement et simplement un prix de marché, à savoir le prix du marché sur lequel s'égalisent l'offre d'épargne et la demande d'investissement, l'investissement étant défini au sens large, c'est-à-dire comme la somme de l'investissement privé et des besoins en financement du secteur public[21]. Si le Japon et les pays européens ont des taux bas au point d'être négatifs, c'est que tant au Japon qu'en Europe le vieillissement de la population conduit à des niveaux d'épargne croissants qu'illustrent et mesurent des excédents de balance des paiements courants particulièrement élevés. Ainsi, face à un excédent extérieur de 7,5 % en

21. Le lecteur toujours vigilant aura repéré une nouvelle fois l'équation $(S - I) + (T - G) = X - M$.

Allemagne, de 10,7 % en Irlande et de 3,5 % au Japon, on trouve des pays jeunes et en pleine phase d'expansion en déficit, comme le champion 2017-2018 de la croissance au niveau mondial qu'est l'Éthiopie, pays dont le déficit représente 7 % du PIB. Une des caractéristiques de la situation économique du monde d'aujourd'hui est son déséquilibre démographique. Pendant longtemps, chaque pays rassemblait à la fois des classes jeunes et des personnes âgées. De nos jours, on constate des concentrations géographiques des classes d'âge. Certains pays sont des « maisons de retraite » – c'est le cas de l'Allemagne et du Japon – tandis que d'autres sont caractérisés par la puissance de leur jeunesse – c'est le cas de l'Afrique. Les plus de 65 ans représentent 30 % de la population du Japon et 2 % de celle du Niger. Cette concentration par âge des populations explique que l'égalité entre l'épargne et l'investissement perd en partie son sens au niveau national et doit s'interpréter au niveau mondial. Les pays vieux dégagent naturellement et nécessairement un surplus d'épargne. Ce surplus conduit à une faible rémunération locale de cette épargne, que symbolise l'apparition de taux négatifs. Résultat : leur épargne va s'investir à l'extérieur. Les flux financiers mondiaux partent désormais du Nord vieillissant où les taux sont bas pour financer les pays du Sud jeunes, dont la croissance potentielle est plus forte et où les primes de risque restent fortes, et donc où les taux d'intérêt restent importants et rémunérateurs. Dès lors, l'enjeu de l'économie mondiale est moins les taux négatifs du Nord et la dette publique qui s'y accumule que les primes de risque qui déterminent les taux du Sud et l'efficacité des investissements privés qui y sont réalisés.

Cette thèse d'un surplus significatif d'épargne dû à un vieillissement des habitants des pays du Nord est suffisamment séduisante pour être systématiquement mise en avant. Pour pertinente qu'elle soit, elle n'explique pas la vitesse à laquelle les taux ont baissé.

Cette vitesse ne serait pas la conséquence d'une logique de marché intégrant des déséquilibres démographiques mais le fruit recherché des politiques monétaires. La situation de taux d'intérêt très faible ne traduit en réalité ni une tendance multiséculaire à la baisse, ni un excès d'épargne dont les conséquences sont amplifiées par sa concentration. Elle est le fruit direct des politiques monétaires suivies. En s'engageant dans des politiques d'assouplissement quantitatif, les Banques centrales ont plus modifié l'équilibre entre l'épargne d'une part et l'investissement privé et le financement des déficits publics d'autre part que l'évolution des pyramides des âges des pays développés. Milite pour cette interprétation le fait que la hiérarchie des taux longs entre les États-Unis, l'Europe et le Japon reflète non seulement celle des taux d'intervention de la Banque centrale sur le marché monétaire mais également la taille du bilan de leur Banque centrale rapporté à leur PIB. En octobre 2019, le taux à dix ans aux États-Unis était de 1,8 %, celui en zone euro aux alentours de 0 %

selon les pays de la zone, celui du Japon de – 0,1 % et celui de la Suisse de – 0,5 %. Simultanément, le bilan de la Réserve fédérale représentait 20 % du PIB, celui de la BCE 40 %, celui de la Banque centrale du Japon 100 % et celui de la Banque nationale de Suisse 120 %. Quand on intègre la politique monétaire parmi les déterminants de l'évolution des taux d'intérêt, la logique de leur niveau cesse de correspondre à celle d'une confrontation entre d'une part une offre d'épargne et d'autre part une demande d'investissement et un besoin de financement des déficits publics. Comme la justification ultime des politiques d'assouplissement quantitatif est de faire jouer en priorité à la Banque centrale le rôle de prêteur en dernier ressort quasi automatique sur les dettes publiques, ces politiques supposent non seulement un rachat sans limites des emprunts d'État sur le marché secondaire qui gonfle le bilan des Banques centrales mais encore de maintenir des taux d'intérêt bas pour alléger la charge représentée par la part de dette publique encore entre les mains des agents privés.

En mentionnant des taux à long terme peu élevés, le statut de la Réserve fédérale américaine entérine l'idée que l'outil privilégié de la politique économique est la politique budgétaire. Or celle-ci a une mémoire sous forme de dette accumulée. Plus les taux sont élevés et plus cette dette devient pénalisante pour la gestion budgétaire. En maintenant des taux bas, la politique monétaire a répondu aux besoins des pays très endettés que sont devenus après la récession de 2009 les pays développés. Ces pays ont pu ainsi éviter les conséquences de la mémoire négative de la politique budgétaire que constitue leur accumulation de dette publique.

En résumé, l'augmentation de la dette publique, à la différence de ce qui se passait à l'époque de Condorcet, a pour conséquence une baisse organisée et voulue des taux d'intérêt. En soi, cela peut paraître anodin. Ce n'est pas l'avis de Maurice Allais. Pour lui, l'égalité entre le taux d'intérêt et le taux de croissance est non seulement un objectif théorique mais également une contrainte objective. C'est-à-dire que le maintien artificiel de taux d'intérêt bas conduit à une baisse de la croissance potentielle. Pour une raison simple : les taux bas réduisent les exigences des banques sur la rentabilité des projets qu'on leur soumet. Les crédits – qui deviennent, rappelons-le, des dépôts – se dispersent en une multitude d'investissements peu efficaces, amputant d'autant la croissance potentielle.

Le facteur essentiel qui permet de comprendre pourquoi les taux sont si bas demeure la politique monétaire des pays les plus développés. Ceux-ci sont encore à la surface de la planète les pays les plus puissants économiquement et politiquement parlant. Maintenant qu'ils sont devenus les plus endettés, ils se refusent à subir des politiques de redressement des comptes publics du type de celles que subirent naguère les pays du Sud ou plus récemment la Grèce. Ils ont donc besoin de taux bas pour que la charge d'intérêt qu'ils ont à régler ne gonfle pas. On peut ainsi donner une interprétation géopolitique aux taux bas. Leur pérennité traduit le maintien d'une certaine force des pays du G7. Ceux-ci sont en effet capables d'obliger l'ensemble de la planète à accepter une sous-rémunération objective de l'épargne pour éviter d'avoir à remettre de l'ordre dans leurs finances publiques. Avec comme conséquence une baisse de la croissance potentielle dont le monde entier va pâtir.

Chapitre 4

La dette, nouvel Amédée[22]

Si la gestion en stabilisateurs automatiques finit par s'imposer et devrait donc permettre d'éviter l'explosion de la dette publique, il n'en reste pas moins que les États ont un passé, qui aujourd'hui est un passif, surtout dans les économies développées. Comment l'apurer ?

La « hideuse banqueroute »

Pour certains, l'affaire est simple : il faut émettre de la dette perpétuelle pour ne pas avoir à la rembourser. Ces esprits féconds oublient qu'en pratique la dette publique est déjà perpétuelle. En effet, les États se contentent de verser les intérêts. Depuis le début du XIXe siècle, aucun crédit n'est inscrit dans leur budget pour le remboursement de leur dette. De nos jours, chaque fois

22. Le lecteur aura reconnu une référence à une pièce d'Eugène Ionesco.

qu'un emprunt arrive à échéance, il est immédiatement replacé.

Le paramètre sur la durée duquel on peut jouer n'est pas le montant de la dette, mais le taux d'intérêt qu'elle porte. Et éviter que ce taux d'intérêt n'évolue de façon trop erratique relève de l'action de la Banque centrale.

On peut se dire que les États ont du temps en matière de remboursement puisque la dette est en fait perpétuelle et que l'achat d'une partie de cette dette par la Banque centrale en neutralise les conséquences sur les finances publiques et leur permet de limiter la charge finale d'intérêt.

Certains vont néanmoins plus loin et proposent, pour réduire définitivement cette charge, d'annuler la part de dette publique détenue par la Banque centrale. Comme cette annulation serait inutile sur un plan strictement financier puisque la Banque centrale reverse à l'État les intérêts qu'il lui a versés sur sa dette, certains se montrent encore plus radicaux. Ils évoquent l'annulation de toute ou partie de la dette détenue par le public. Jadis, on appelait cela une banqueroute ; aujourd'hui, on parle de *haircut*… ! C'est ce qui a été fait en 2011 sur la dette publique de la Grèce à hauteur de 30 % de son montant total, soit 50 % de ce qui était détenu par des institutions financières privées. Quel que soit le terme utilisé, la banqueroute reste, pour reprendre une expression célèbre de Mirabeau dans un discours du

26 septembre 1789, « hideuse ». Une (re)lecture de ce discours mérite un détour :

« Mes amis, écoutez un mot, un seul mot.

Deux siècles de déprédations et de brigandage ont creusé le gouffre où le royaume est près de s'engloutir. Il faut le combler ce gouffre effroyable !

Eh bien, voici la liste des propriétaires français. Choisissez parmi les plus riches, afin de sacrifier moins de citoyens ; mais choisissez ; car ne faut-il pas qu'un petit nombre périsse pour sauver la masse du peuple ? Allons, ces deux mille notables possèdent de quoi combler le déficit. Ramenez l'ordre dans vos finances, la paix et la prospérité dans le royaume… Frappez, immolez sans pitié ces tristes victimes ! Précipitez-les dans l'abîme ! Il va se refermer… vous reculez d'horreur…

Hommes inconséquents ! Hommes pusillanimes !

Eh ! Ne voyez-vous donc pas qu'en décrétant la banqueroute ou, ce qui est plus odieux encore, en la rendant inévitable sans la décréter, vous vous souillez d'un acte mille fois plus criminel, car enfin cet horrible sacrifice ferait du moins disparaître le déficit. Mais croyez-vous, parce que vous n'avez pas payé, que vous ne devrez plus rien ? Croyez-vous que les milliers, les millions d'hommes qui perdront en un instant, par l'explosion terrible ou par ses contrecoups, tout ce qui faisait la consolation de leur vie, et peut-être leur unique moyen de la sustenter, vous laisseront paisiblement jouir de votre crime ?

Contemplateurs stoïques des maux incalculables que cette catastrophe vomira sur la France, impassibles égoïstes qui pensez que ces convulsions du désespoir et de la misère passeront comme tant d'autres, et d'autant plus rapidement qu'elles seront plus violentes, êtes-vous bien sûrs que tant d'hommes sans pain vous laisseront tranquillement savourer les mets dont vous n'aurez voulu diminuer ni le nombre ni la délicatesse?... Non, vous périrez, et dans la conflagration universelle que vous ne frémissez pas d'allumer, la perte de votre honneur ne sauvera pas une seule de vos détestables jouissances.

Voilà où nous marchons... J'entends parler de patriotisme, d'élan de patriotisme, d'évocation de patriotisme. Ah! Ne prostituez pas ces mots de patrie et de patriotisme. Il est donc bien magnanime l'effort de donner une portion de son revenu pour sauver tout ce qu'on possède!

Eh! Messieurs, ce n'est là que de la simple arithmétique, et celui qui hésitera ne peut désarmer l'indignation que par le mépris que doit inspirer sa stupidité. Oui, messieurs, c'est la prudence la plus ordinaire, la sagesse la plus triviale, c'est votre intérêt le plus grossier que j'invoque. Je ne vous dis plus, comme autrefois : donnerez-vous les premiers aux nations le spectacle d'un peuple assemblé pour manquer à la foi publique? Je ne vous dis plus : eh! quels titres avez-vous à la liberté? quels moyens vous resteront pour la maintenir si, dès votre premier pas, vous surpassez les turpitudes des gouvernements les plus corrompus, si le besoin de votre concours et de votre surveillance n'est pas le garant de votre Constitution? Je vous dis : vous serez tous entraînés dans la ruine universelle, et les premiers intéressés au sacrifice que le gouvernement vous demande, c'est vous-mêmes.

Votez donc ce subside extraordinaire; puisse-t-il être suffisant! Votez-le, parce que, si vous avez des doutes sur les moyens, doutes vagues et non éclairés, vous n'en avez pas sur sa nécessité, et sur notre impuissance à le remplacer, immédiatement du moins. Votez-le, parce que les circonstances publiques ne souffrent aucun retard, et que nous serions comptables de tout délai. Gardez-vous de demander du temps, le malheur n'en accorde jamais…

Eh! Messieurs, à propos d'une ridicule motion du Palais-Royal, d'une risible insurrection qui n'eut jamais d'importance que dans les imaginations faibles, ou les desseins pervers de quelques hommes de mauvaise foi, vous avez entendu naguère ces mots forcenés : Catilina est aux portes de Rome, et l'on délibère! Et certes, il n'y avait autour de nous ni Catilina, ni périls, ni factions, ni Rome…

Mais aujourd'hui la banqueroute, la hideuse banqueroute est là ; elle menace de consumer, vous, vos propriétés, votre honneur… et vous délibérez! »

Malgré ces arguments brillants, la Révolution a finalement eu recours à la banqueroute. C'était le 30 septembre 1797 et cela reste à ce jour la dernière[23].

Retrouvons-nous ce 30 septembre 1797 dans l'église Notre-Dame-des-Victoires, place des Petits-Pères à Paris. Confisquée sous la Terreur, elle a d'abord servi

23. En 1812, Napoléon Ier a refusé la conversion systématique de la dette des pays annexés et devenus des départements français en dette publique française. Cela est présenté par certains historiens comme une banqueroute. C'est à nos yeux abusif. De même en 1887, l'État a baissé le taux d'intérêt des rentes perpétuelles, ce qui a eu pour effet pour les détenteurs de préserver leur capital mais de réduire leur revenu. Cette opération devrait être plus naturellement considérée comme une forme de banqueroute. De même, à l'occasion du passage à l'euro, l'État a échangé les dettes perpétuelles par définition toujours en circulation contre des emprunts à dix ans : banqueroute ou pas banqueroute… ?

d'écurie pour les agents du ministère des Finances, avant d'accueillir la Bourse. À gauche de l'autel, on cote la rente – c'est-à-dire les emprunts d'État. Le 30 septembre 1797, le héros de la séance est Dominique Ramel. Il est ministre des Finances. La France de 1797 est en République, le régime étant celui du Directoire. Si le ministre en personne s'est déplacé, c'est que l'heure est grave. De fait, il est venu fermer le marché des titres publics. Une fois cette fermeture opérée, il part faire voter une loi annulant deux tiers de la dette publique. L'événement est resté dans l'histoire sous le nom de « banqueroute des deux tiers ». Depuis cette date, l'État a toujours honoré sa signature. Du moins formellement. Car dans l'héritage de la Révolution on trouve, entre autres, l'idée que l'inflation peut être utile comme moyen d'effacer de façon indolore l'endettement public. C'est ainsi l'inflation qui a permis, après chacune des deux guerres mondiales, de gommer les dettes nées de ces conflits. Il nous faudra donc revenir sur la possibilité aujourd'hui d'un recours à l'inflation.

En 1797, l'inflation avait déjà été essayée. Mais les révolutionnaires après en avoir usé en ont abusé, au point de détruire l'économie. Résultat : le Directoire décide de s'en défaire et de se rabattre sur la banqueroute. Néanmoins, il faut avoir conscience que son coup d'éclat financier a été rendu possible par un coup d'État politique, celui du 18 fructidor (4 septembre 1797). Les républicains volent à cette occasion le pouvoir aux royalistes qui viennent de gagner les élections. Ils décident de consolider leur situation en réorganisant les finances de l'État. Ils effacent d'abord une partie de la dette puis créent une fiscalité nouvelle, dont le fleuron sera l'impôt sur les portes et fenêtres. Comme si les républicains avaient eu honte de leur violence économique de naguère, ceux du XIXe siècle se sont affirmés comme des défenseurs du respect de la parole de l'État. La Constitution de la IIe République, promulguée en novembre 1848, dont nul ne peut contester le caractère démocratique, stipule dans son article 14 :

« La dette publique est garantie. Toute espèce d'engagement pris par l'État avec ses créanciers est inviolable. »

En fait, cet article reprend l'article 70 de la charte promulguée par Louis XVIII en 1814. Ce faisant, les républicains de 1848 délivrent un double message : la parole publique, quel que soit le régime qui la porte, doit être respectée. Le discours sur la dette illégitime est lui-même illégitime. Ensuite, en faisant passer cet engagement d'honorer la dette de l'article 70 à l'article 14, les républicains insistent sur sa solennité.

De nos jours, où tout homme politique se sent en devoir de se déclarer avec solennité « républicain », on semble avoir oublié les principes des grands ancêtres de 1848…

Et pourtant, l'idée du respect de la parole donnée comme élément essentiel de la politique économique est ancienne puisqu'elle apparaît dès la mise en place du fonctionnement moderne de l'économie. C'est l'Espagne de Charles Ier (l'empereur Charles Quint du Saint-Empire pour nos livres d'histoire) et de son fils Philippe II qui donne le premier exemple d'un mensonge par la banqueroute. Cela se passe en 1557. Se heurtant au refus des banques de le financer, Philippe II fait banqueroute. Cette banqueroute traduit non seulement les problèmes financiers de la monarchie espagnole mais également l'irritation de Philippe II, qui ne comprend pas que les financiers qui avaient financé sans difficulté Charles Quint aient pu refuser de faire de même avec lui. La raison de cette différence de traitement est que Charles Quint avait juré sur la Bible de ne pas faire banqueroute, assurant aux titres de dette publique émis par l'Espagne une forte crédibilité et leur donnant en outre leur nom de *juros*. Les créanciers ruinés par Philippe II se montrent pressants en rappelant les promesses de son père. Début 1558, ils demandent à être reçus par ce dernier toujours vivant mais retiré dans un monastère. Ils évoquent le courroux céleste qui va s'abattre sur lui. Chrétien fervent, Charles Quint leur déclare avoir conscience que, sa trahison offensant Dieu, celle-ci ne sera pas sans conséquences. Mais, résigné et souffrant, il affirme qu'il va avoir bientôt l'occasion de vérifier en direct l'ampleur du mécontentement divin. De fait, il meurt le 21 septembre 1558…

Ce qui milite contre la banqueroute, c'est que dans une analyse coûts/avantages, il n'est pas certain que les avantages l'emportent sur les coûts, loin de là. Le coût prend deux formes : une forme économique, mise en avant par Condorcet dans son raisonnement, qui est une augmentation des taux d'intérêt des nouveaux emprunts; une forme politique qui est la réaction plus ou moins violente des épargnants spoliés. Ce coût évolue selon les circonstances. Si en annulant la dette, la disparition des intérêts permet de revenir à l'équilibre, l'État ainsi libéré de sa dette n'a plus à emprunter et donc ne subit pas les conséquences en retour de la banqueroute. Cela signifie qu'un État qui équilibre ses comptes hors le versement des intérêts est en position de force par rapport à un État qui n'y parvient pas. Équilibrer les comptes hors la charge d'intérêt devient donc un premier objectif pour un État. Le solde budgétaire hors charge d'intérêt s'appelle en économie « le solde primaire ». Quand un État atteint l'équilibre primaire, cela signifie en outre que les impôts couvrent les dépenses hors charge d'intérêt, c'est-à-dire les dépenses dont bénéficient de façon immédiate les contribuables. L'équilibre primaire est donc souvent considéré comme la contrainte minimale qu'un État doit respecter. Le lecteur pourra constater qu'en Europe l'Italie, souvent montrée du doigt, dégage un excédent primaire. En revanche, la France enchaîne les déficits primaires! Quant à l'épargnant, pour étouffer ses cris d'orfraie, il suffit de l'accuser d'être un rentier, c'est-à-dire de « s'enrichir en dormant » et d'invoquer, selon une expression d'un obscur économiste germano-argentin du nom de Silvio Gesell, expression reprise et popularisée par Keynes, la nécessaire « euthanasie des rentiers ». Aujourd'hui en France, ces soi-disant « rentiers » détiennent 40 % du stock de dette par l'intermédiaire de contrats d'assurance vie que, jusqu'à présent, le pouvoir politique s'est efforcé de protéger.

Au regard de ces coûts, les avantages d'une banqueroute à l'ancienne sont limités. Celle-ci effacerait en effet les intérêts et réduirait d'autant la dépense publique et le déficit budgétaire. Compte tenu du niveau des taux, ceux-ci représentent des sommes de plus en plus faibles. Le bénéfice d'une banqueroute est même annihilé par le fait que l'achat de la dette par la Banque centrale a le même effet sur les comptes publics.

Éviter l'inflation

Plutôt que de prendre de front l'épargnant, même dénoncé comme rentier, au travers d'une banqueroute en bonne et due forme, la tentation des pouvoirs publics est de chercher dans l'inflation son euthanasie douce. Pour les tenants de la Théorie monétaire moderne (TMM), cette inflation qui efface l'endettement a de ce fait une vertu autorégulatrice. Tant qu'elle ne se manifeste pas, on peut continuer à s'endetter. Dès qu'elle apparaît, elle permet de dire que la dette est devenue excessive mais elle l'efface, ce qui accélère le retour à un taux supportable. À leurs yeux, l'inflation est à la fois un mal de l'économie et un outil de la politique économique.

Rappelons que dans l'histoire récente de la France, l'année où le déficit budgétaire a été le plus élevé est 1943. Pour autant que l'on puisse évaluer le PIB et le déficit de cette année très particulière, ce dernier représentait environ 40 % du PIB. Ce déficit colossal s'est traduit par un gonflement spectaculaire de la dette publique qui a néanmoins été effacée en très peu de temps. En effet, à l'époque, l'inflation était considérable, puisque les prix de 1946 ont été 17 fois supérieurs à ceux de 1938. Plus largement, c'est l'inflation qui a effacé les dettes nées de la Deuxième Guerre mondiale.

Olivier Blanchard, dans un *working paper*[24] du FMI de février 2010, époque où il était *chief economist* de cette institution, a suggéré que les Banques centrales et les principales autorités monétaires de la planète acceptent momentanément de laisser filer l'inflation jusqu'à un taux de 4 % pour résoudre le problème d'endettement public.

Néanmoins, cette voie est fermée, et cela pour plusieurs raisons. D'abord, en Europe, parce que la Banque centrale européenne a les moyens et l'intention affichée d'empêcher tout retour significatif de l'inflation, afin notamment de ne pas heurter de front les autorités

24. Olivier Blanchard, Giovanni Dell'Ariccia et Paolo Mauro, *Rethinking Macroeconomic Policy*, IMF Staff Position, février 2010.

et la population de l'Europe du Nord. Indépendamment de la BCE, la construction européenne s'est organisée sur le refus de l'inflation, refus particulièrement marqué en Allemagne. Les mouvements politiques qui veulent recourir à l'inflation directement ou indirectement par le biais d'une dévaluation et de la hausse des prix qui s'ensuit (inflation importée) acceptent l'hypothèse d'une sortie de la zone euro conduisant inéluctablement à une sortie de l'Union européenne. En l'état actuel des choses, cette hypothèse est grandement irréaliste, surtout après le spectacle pathétique donné par le Brexit. Ensuite, parce que le bilan de l'inflation, même maîtrisée, est et a toujours été négatif. Après avoir été une solution au problème de la dette dans les années 1950 et 1960, celle-ci est devenue une bombe à retardement dans les années 1970. Et cette bombe a explosé dans les années 1980. En effet, pour s'en débarrasser alors même qu'elle se combinait au chômage dans une dynamique qualifiée de stagflation, les gouvernements des années 1980 ont dû subir des politiques monétaires restrictives freinant la croissance et recréant au passage un déséquilibre des finances publiques. Cela a réalimenté le mécanisme d'accumulation de la dette publique. Ainsi, le dernier quart du XXe siècle a montré que si l'inflation nous défait de la dette d'aujourd'hui, c'est en préparant la dette de demain. Enfin, parce que les gestionnaires de la dette publique ont mis en place un système empêchant l'inflation d'effacer la dette. En effet, de plus en plus de pays émettent des titres de dette indexés sur la hausse des prix. C'est-à-dire que tout retour de l'inflation augmente le montant de la dette due et donc dans la foulée le montant des intérêts. En France, cette dette indexée représente 12,5 % de la dette publique.

Redresser les finances publiques pour rembourser la dette

L'inflation contribue à alléger le poids de la dette, c'est-à-dire qu'elle se traduit par une baisse du rapport entre le stock de dette et le PIB. Mais elle n'assure pas son remboursement. La valeur nominale de cette dette reste la même. Pour qu'il y ait un authentique remboursement, il faut soit dégager des excédents, soit vendre une partie du domaine public et consacrer les sommes ainsi obtenues à racheter la dette. Liquider une partie des actifs de l'État, « vendre les bijoux de famille », est une idée ancienne. En France, l'opération de vente d'actifs qui a le mieux réussi a été réalisée par le futur Charles V. Pour payer la rançon exigée par les Anglais après la capture de son père Jean II le Bon lors de la défaite de Poitiers en 1356, il a vendu… sa sœur ! Il a en effet lancer un appel d'offres auprès de l'aristocratie européenne proposant, moyennant finance, de devenir le gendre puis le beau-frère du roi de France. C'est ainsi que Jean Galéas Visconti, duc de Milan, épousa Isabelle de France et régla deux tiers de la rançon de son futur beau-père. De même, le principe des assignats de la Révolution de

1789 reposait sur un remboursement de la dette par la vente d'actifs. Les actifs en question avaient au préalable été confisqués à l'Église et étaient devenus des « biens nationaux ». Et c'est la privatisation de l'immense secteur public constitué par les travaillistes en 1945-1946 qui a permis à Mme Thatcher d'éponger une partie de l'endettement public hérité des travaillistes des années 1970. Aujourd'hui, en France, il ne reste guère de « bijoux de famille » à vendre, même si la France est un des pays d'Europe où le secteur public est le plus étendu.

Reste donc la solution de dégager des excédents budgétaires.

En décembre 2005, Michel Pébereau, haut fonctionnaire devenu dirigeant d'une grande banque, remettait à Thierry Breton, alors ministre de l'Économie et des Finances, le rapport de la commission qu'il avait présidée à sa demande sur la dette publique. Ce rapport avançait une liste de 20 propositions pour redresser les comptes publics. La première, celle qui définissait le cadre général de la démarche des rédacteurs, s'énonçait comme suit :

« Revenir à l'équilibre en cinq ans au maximum en stabilisant les dépenses en euros courants et en modulant l'intensité de l'effort en fonction de la conjoncture[25]. »

25. « Rompre avec la facilité de la dette publique – Pour des finances publiques au service de notre croissance économique et de notre cohésion sociale », rapport de la commission présidée par Michel Pébereau, 14 décembre 2005.

L'ambition était raisonnable puisque l'objectif était l'équilibre – et non l'excédent – et l'adaptation à la conjoncture. Quatre ans plus tard, en 2009, le déficit public, loin de se réduire, a atteint 144 milliards d'euros, soit 7,5 % du PIB. Le moins que l'on puisse dire est donc que les recommandations du rapport Pébereau n'ont guère été suivies…

Mais ce qui est particulièrement intéressant dans le diagnostic de Michel Pébereau est la raison qu'il donne au maintien d'un déficit structurel élevé en France. Il est écrit dans le rapport :

> « Nos pratiques politiques et collectives font en outre de l'annonce d'une dépense publique supplémentaire la réponse systématique, et souvent unique, à nos problèmes quels qu'ils soient, y compris à nos problèmes de société. L'action publique est en conséquence de plus en plus jugée sur deux critères : le montant des moyens supplémentaires dégagés et la rapidité avec laquelle ils sont annoncés. Le débat se réduisant à ces seuls sujets, l'analyse de l'efficacité des dépenses passe au second plan. Cela a deux effets : d'une part, les dépenses existantes, quelle que soit leur pertinence, sont rarement remises en cause ; d'autre part, les nouvelles mesures visent souvent à toucher le plus grand nombre de personnes même lorsque leur efficacité plaiderait précisément pour concentrer les moyens. »

Cette incapacité à remettre en cause des dépenses publiques pour des raisons politiques est toujours d'actualité. Il faut dire que ce bon sens qui veut que l'on rembourse grâce à des excédents se heurte à un discours virulent contre « l'austérité budgétaire », devenue un gros mot dans la bouche de nos dirigeants. En 1982, Pierre Mauroy avait cherché à la réhabiliter en remplaçant cette expression par celle de « rigueur ». Il définissait celle-ci comme « l'austérité plus l'espoir ». Malgré une paternité aussi prestigieuse, cette astuce de langage n'a pas convaincu les apôtres de la dépense et du déficit et le mot « rigueur » est lui aussi dénoncé avec véhémence. Pourtant, l'expérience montre que les pays qui ont réussi à réduire leur endettement en dégageant des excédents budgétaires n'ont pas eu d'autre possibilité que de mener ce qu'il convient d'appeler une politique d'austérité. Avec comme résultat essentiel que celle-ci n'a été efficace et peu pénalisante que quand elle a consisté en une baisse des dépenses et non une hausse des impôts.

Trois exemples allant dans ce sens sont régulièrement cités.

D'abord celui de l'austérité budgétaire que se sont imposée les pays de l'Union européenne dans les années 1990 pour accéder à la monnaie unique. Le plan Juppé, en France, s'inscrivait d'ailleurs dans ce cadre. En Italie, entre 1990 et 1997, les dépenses ont connu une baisse de 5,1 % du PIB, aux Pays-Bas de 5,4 % et en Espagne de 3,8 %. En revanche, sur la même période, le poids de la dépense publique en France a augmenté de 1,6 % de PIB…

Deuxième exemple, celui de la Suède dans les années 1990. Celle-ci a connu entre 1991 et 1994 une crise économique très violente, avec notamment un PIB de 1993 inférieur de 5 % à celui de 1991. Cette crise a conduit le parti dominant à l'époque la vie politique suédoise, le parti social-démocrate, à revoir ses références idéologiques. Depuis les années 1930, ce qui était qualifié de modèle suédois reposait sur une gestion keynésienne de l'économie, caractérisée par une relativement faible ouverture sur l'extérieur, un réglage de l'emploi par la gestion de la politique budgétaire donnant sans hésitation à l'État le rôle d'employeur en dernier ressort et l'existence d'un État providence très généreux. En 1994, face à la crise, une rupture profonde intervient dans les principes suivis. Les nouveaux axes de la politique économique suédoise sont une ouverture accrue vers l'extérieur[26], une politique monétaire de lutte contre l'inflation et d'appréciation permanente du taux de change de la couronne pour améliorer les termes de l'échange et donc *in fine* le pouvoir d'achat de la population. Mais la révision la plus nette et la plus tranchée a porté sur la politique budgétaire. Acceptant le constat que le creusement du déficit budgétaire ne parvient pas à ramener la croissance, les sociaux-démocrates suédois promeuvent une politique budgétaire fondée sur l'adaptation au cycle et la baisse du poids de la dette publique. Dans un premier temps, entre 1994 et 1999, les finances publiques sont ramenées

26. Le taux d'ouverture de l'économie, c'est-à-dire le rapport entre la demi-somme des importations et des exportations et le PIB, est passé en dix ans, entre 1994 et 2004, de 25 % à 45 %.

à l'équilibre. Pour y parvenir, les pouvoirs publics ont agi essentiellement sur les dépenses. Entre 1994 et 1999, la dépense publique est passée en Suède de 67 % à 53 % du PIB. Quel a été le résultat de cette baisse drastique ? En 1993, le déficit budgétaire est de 10 % du PIB ; en 1994, année du retour au pouvoir des sociaux-démocrates et de la rupture avec le modèle suédois dans la conception des Trente Glorieuses, ce déficit est encore de 9,2 %. En 2000, l'excédent a été porté à 5 % du PIB : la Suède a consenti sur six ans un effort budgétaire sur ses dépenses de 14 points de PIB principalement concentré sur les dépenses de fonctionnement de l'État et sur les prestations sociales. Le gouvernement suédois a négocié avec les syndicats une baisse des prestations traditionnelles de l'État providence. Ainsi, la politique de l'emploi qui absorbait 3 % du PIB en 1994 ne coûtait plus que 1,5 % du PIB en 1999. Durant la même période, l'ensemble des prestations sociales est passé de 27 % du PIB à 19 %.

Au Canada, notre dernier exemple, la situation est également très délicate au milieu des années 1990. En effet, en 1995 la dette publique atteint 100 % du PIB. En 1992, la dépense publique représente 53 % du PIB et le déficit budgétaire 9,2 %. L'assainissement commence dès 1993. Il porte là encore sur deux postes majeurs : les prestations sociales et les dépenses de fonctionnement de l'État. À la différence de la Suède, l'effort le plus significatif porte sur la fonction publique. L'emploi public est diminué de 15 %, par les départs à la retraite, mais également par des licenciements qui sont rendus acceptables par de fortes indemnités de départ versées aux intéressés. Les salaires de la fonction publique sont gelés durant trois ans. Le budget fédéral canadien recule de 4 points de PIB entre 1993 et 1997. Avant la crise de 2008-2009, les finances publiques dégagent au Canada un excédent de 1,7 % du PIB. Cet effort a certes été facilité par la croissance économique de la période qui a été en moyenne de 3 % par an entre 1993 et 2007 (5 % en valeur), croissance due à la fois à la vigueur de l'économie américaine voisine et à la montée en puissance du secteur pétrolier. Mais si cette croissance a joué un rôle facilitateur, elle n'était pas à des niveaux tels qu'elle ait pu dispenser le Canada d'un effort discrétionnaire sur ses finances publiques.

Pour compléter l'analyse de ces exemples, il faut évaluer dans quelle mesure « l'austérité budgétaire » a affecté l'évolution de la croissance.

Dans les schémas keynésiens, les politiques de redressement des finances publiques, en contractant la demande publique, provoquent une récession qui les rend plus préjudiciables que le mal qu'elles prétendent soigner. Selon ces schémas, le gain de la réduction du déficit structurel se perd en augmentation du déficit conjoncturel. En revanche, toujours dans cette optique, la dette rembourse la dette : l'augmentation du déficit se traduit grâce à l'effet multiplicateur en une augmentation du PIB qui débouche sur une baisse du ratio dette/PIB. À l'inverse, l'équivalence ricardienne postule que l'augmentation du déficit conduit à une contraction simultanée de la demande privée et *in fine* du PIB.

Que constate-t-on sur le terrain ? L'économie réagit-elle à l'assainissement de façon keynésienne ou de façon ricardienne ?

Les travaux récents de Carmen Reinhart et Kenneth Rogoff[27] indiquent que lorsque l'endettement dépasse les 80-90 % du PIB, les effets ricardiens l'emportent. L'OCDE a de son côté mené une étude[28] sur 16 pays sur la période allant de 1970 à 2002. Il ressort de cette étude que si, en général, l'assainissement ralentit la croissance, celle-ci se redresse assez vite. Deux cas sont mis en avant : le Danemark entre 1983 et 1986 et l'Irlande en 1987 pour lesquels l'assainissement s'est accompagné d'une accélération de la croissance et d'une baisse simultanée des déficits structurel et conjoncturel. En outre, l'OCDE indique qu'*a contrario* la Suède a changé radicalement sa politique budgétaire en 1994 car le déficit pénalisait la croissance. Dans une autre étude de 2010[29], l'OCDE, reprenant son analyse sur une longue période des politiques budgétaires, constate, pour les pays de la zone OCDE, l'existence à court terme d'un effet

27. C. Reinhart et K. Rogoff, *Cette fois, c'est différent : huit siècles de folie financière*, éditions Pearson, 2010.

28. « Comportement d'épargne et efficacité de la politique budgétaire », *Perspectives économiques* n° 76.

29. « Assainissement budgétaire : besoins, calendrier, instruments et cadre institutionnel », *Perspectives économiques* n° 88.

keynésien, donc d'un effet de contraction de l'activité de 0,7 %. Cela signifie que toute réduction du déficit budgétaire de 1 point de PIB conduit en moyenne à une récession de 0,7 %. Mais cet effet sur la croissance est effacé au bout de deux ans et les pays qui reviennent à l'équilibre budgétaire ont au bout de cinq ans un PIB plus élevé que s'ils avaient maintenu leur déficit public.

Si nous revenons au cas de la Suède, l'assainissement budgétaire a conduit à un redressement de la croissance dès la fin de 1994. Sur la durée du cycle économique concomitant à cet assainissement, le PIB par tête en Suède s'est accru de 2,8 % par an. Le taux de chômage, qui était monté à 8,5 % en 1993, est redescendu lorsqu'on a atteint le sommet du cycle, en 2000, à 4 %.

Une des raisons de cette bonne tenue de l'économie suédoise correspond à une condition quasiment *sine qua non* de réussite de la politique d'austérité qui est que l'investissement privé doit prendre le relais de la dépense publique. Or en Suède, comme d'ailleurs au Canada, la reprise de l'investissement privé liée à l'assainissement a eu deux effets positifs. À court terme, elle a entraîné la demande nécessaire à la croissance, et à long terme elle a fourni les moyens permettant aux entreprises de produire davantage. De ce fait, la reprise de l'investissement a accru le PIB potentiel.

Cet effet de substitution positive de l'investissement privé à la dépense publique fonctionne normalement à trois conditions. D'abord, la politique d'assainissement ne doit pas pénaliser les entreprises, ce qui impose que leurs impôts n'augmentent pas. Ensuite, les ménages doivent maintenir leur demande et donc, là encore, ne pas être pénalisés par des impôts supplémentaires allant au-delà de leur capacité et de leur volonté de désépargne. Enfin, la visibilité de la politique économique doit être suffisamment forte pour que la dynamique de l'investissement fonctionne à plein. Cette visibilité dans les cas de réussite de la politique d'austérité se traduit en général par une baisse des taux d'intérêt sans intervention particulière de la Banque centrale.

Sur le plan juridique, le principe de base de la politique suédoise est de « dégager sur la durée du cycle un excédent de 2 %[30] »; ce qui signifie que la politique budgétaire suédoise est fondée sur l'exigence d'un excédent structurel des finances publiques de 2 % du PIB. Le cycle économique qui a suivi la phase de redressement et précédé la crise de 2009 s'étend pour l'économie suédoise entre 2000, année la plus favorable, et 2008, nouvelle année la plus favorable avant la récession. Il dure neuf ans, comme le cycle de la plupart des économies développées[31].

30. Réforme de la procédure budgétaire adoptée par le Parlement suédois en 1996 et appliquée à compter du budget 1997.

31. La durée des cycles actuels est d'entre sept et neuf ans. Au XIXe siècle, l'économiste Clément Juglar avait déjà identifié un moyen terme auquel il avait donné une stricte durée de neuf ans.

Sur sa durée, l'excédent structurel annuel moyen a été de 1,7 % du PIB et le déficit conjoncturel de – 0,2 %. On peut donc considérer, même si l'excédent structurel annuel moyen n'a pas été de 2 % et le déficit conjoncturel de 0 %, que les objectifs ont été atteints. Simultanément, la dette publique qui représentait 62 % du PIB au 1er janvier 2000 a été ramenée à 40 % du PIB au 31 décembre 2008.

Les cas suédois et canadien sont intéressants car la visibilité et la crédibilité de la politique budgétaire ont reposé sur l'adoption de nouvelles règles institutionnelles. Sans porter atteinte au pouvoir budgétaire du Parlement, qui est le fondement de la démocratie, ces deux pays ont mis en place des processus d'élaboration du budget qui permettent de garantir les objectifs à long terme de la politique budgétaire.

La procédure budgétaire suédoise se construit de façon à respecter cette sorte de « pacte de stabilité et de croissance » national – en complément de celui prévu par l'Europe… – qui impose un excédent structurel de 2 % du PIB. À ce stade, on peut retenir qu'une règle de gestion budgétaire dont l'objectif est d'éviter l'explosion de l'endettement public doit porter sur l'équilibre structurel. Ainsi, introduire dans la Constitution une « règle d'or », comme ce fut envisagé dans les années 2010, suppose de la mettre en cohérence avec la logique du cycle. Il ne faut évidemment pas en ignorer la difficulté pratique car la notion d'équilibre structurel, bien que claire sur le plan intellectuel, est difficile à cerner sur le plan strictement statistique. Mais eu égard à la situation d'endettement actuelle, il faut des engagements forts pour entamer le redressement, même s'ils sont en partie symboliques. Enfin, la façon la plus simple d'éviter les polémiques sur le niveau de ce déficit acceptable lors du vote de chaque budget est d'adopter une règle de gestion des finances publiques en stabilisateurs automatiques. Il s'agit d'entériner que les dépenses publiques doivent évoluer comme le PIB potentiel tandis que la fiscalité doit faire évoluer les recettes comme le PIB réel. Dans un tel mode de gestion des finances publiques, la phase d'expansion dégage des excédents conjoncturels et celle de récession produit des déficits, sachant que le déficit structurel reste égal à zéro.

Ces quelques remarques soulignent le fait que le redressement des finances publiques, comme l'ont montré les exemples du Canada ou de la Suède, ne peut être durable que s'il s'appuie sur des réformes traduisant une réelle volonté politique[32].

Or, quand on interroge les Français sur le moyen de redresser les finances de l'État, entre 20 % et 30 % semblent ne concevoir le redressement des finances publiques que par la hausse des impôts des riches ; sachant que, par

32. Volonté politique qui est à l'opposé de la logique du discours dit de la « cagnotte » de Jacques Chirac pendant la cohabitation, discours refusant d'admettre l'urgence de la réduction du déficit public.

définition, *a priori*, les riches, ce sont les autres… Après tout, cela rejoint ce que réclamait Mirabeau quand il souhaitait écarter la banqueroute. Cela rejoint une forme de facilité à laquelle se sont livrés nos dirigeants depuis une cinquantaine d'années. Nous assistons en effet à une sorte de course-poursuite où l'explosion des dépenses est en partie compensée par la montée des recettes. En 1995, quand a été adopté le plan Juppé, les excédents recherchés du système de Sécurité sociale ont été assis sur la création d'un nouvel impôt présenté comme le moyen de rembourser la dette sociale, la contribution au remboursement de la dette sociale. Quelle que soit l'interprétation que l'on fasse de son nom, il s'agit bel et bien d'un impôt, venant conforter l'idée qu'il est impossible de faire des économies dans les dépenses sociales.

Pourtant, quand on réfléchit à la fiscalité, il devient assez vite évident qu'une hausse des impôts n'a que rarement les résultats escomptés. Elle se heurte souvent à ce que l'on appelle « un effet Laffer », du nom de l'économiste qui a décrit ce processus. La hausse d'impôts induit un découragement des acteurs privés. Ceux-ci investissent moins, si bien que la croissance ralentit. Résultat : ce que l'État espère gagner en augmentant le taux d'imposition, il le perd du fait d'une contraction des assiettes taxables. Le redressement des finances publiques assis sur les hausses d'impôts se retourne donc contre son objectif.

CONCLUSION

La richesse vient du travail

Carmen Reinhart et Kenneth Rogoff ont intitulé leur livre sur la dette : *Cette fois, c'est différent.* Le titre se veut ironique. Il annonce leur intention de démontrer qu'en matière financière, malgré les déclarations péremptoires des dirigeants qui, à chaque crise économique, affirment qu'ils ont retenu la leçon et qu'ils sauront à l'avenir se discipliner, « *nihil novi sub sole*[33] ».

Pourtant, cette ironie n'est qu'en partie justifiée. La situation présente est inédite et réellement différente de celles d'autrefois ; et ce depuis que l'or a disparu du système monétaire en 1976. L'alchimiste moderne n'a plus besoin de plomb pour faire de l'or, mais de quelques minutes d'ordinateur. L'orpailleur et le mineur ont cédé leur place au banquier. La planche à billets si souvent évoquée est elle-même dépassée. Une des raisons pour

33. « Rien de nouveau sous le soleil. »

lesquelles le Directoire a fait banqueroute en 1797 est que le pouvoir manquait non seulement d'or, mais même de papier pour faire tourner la planche à billets et imprimer les billets en question. Et le papier disparaît de plus en plus de nos portefeuilles. Dès lors que la quantité d'argent magique est potentiellement infinie, le remboursement, la banqueroute, le roi faux-monnayeur méprisé par Dante ont cessé d'être des références pertinentes. « Inflation », « éviction », « dollarisation » sont les maîtres mots des dangers de l'ère de l'argent magique. Rappelons que, parlant du « miracle du crédit », Maurice Allais disait qu'il s'agit moins d'un enjeu de fausse monnaie que d'un enjeu de « faux droits », c'est-à-dire plus d'illusion que de mensonge.

Mais ce qui demeure dans ce monde de l'argent magique, c'est la pertinence du diagnostic de Boisguilbert mettant en garde contre l'erreur assimilant richesse et stock d'or et d'argent. Accédant au pouvoir en 1726, le cardinal de Fleury écrit dans son journal au moment de sa prise de fonction :

« Le trop d'esprit a gâté nos affaires, le bon sens peut seul les réparer. »

Pour lui, le « trop d'esprit », ce sont les théories fumeuses qui ont conduit à la monétisation de la dette publique par John Law et à la déroute financière des années 1720. Quant au bon sens, c'est la volonté d'assurer la stabilité monétaire que défendait déjà Nicolas Oresme, car celle-ci permet aux investisseurs d'agir en toute connaissance de cause. Pour nous convaincre de la permanence du constat que la dette ne peut remplacer le travail, prenons deux citations de 2019, juste avant la crise de la Covid-19. À cette époque, voilà ce qu'écrivait Kristalina Ivanova Gueorguieva, la directrice générale du FMI :

> « Le niveau d'endettement mondial signifie qu'il faut procéder avec prudence quand il s'agit de contracter de nouvelles dettes. Le secteur privé doit se concentrer davantage sur l'attraction des investissements en actions et sur le renforcement des fonds propres. Le secteur public doit augmenter les recettes fiscales et surtout intensifier la lutte contre la bureaucratie et la corruption[34]. »

À l'été 2019, Ewald Nowotny, quittant son poste de gouverneur de la Banque centrale autrichienne, allait dans le même sens :

> « J'ai soutenu la politique monétaire de la BCE quand le but était de prévenir la déflation, et cela a réussi. Je suis sceptique quant à savoir si de nouvelles mesures expansionnistes auraient vraiment un impact positif sur l'économie réelle. »

Le point 8 des 10 principes de Mankiw confirme cette idée qui peut paraître simple mais qui reste difficilement contestable et qui est que la richesse repose non sur la quantité de monnaie créée, non sur l'argent

34. Extrait du discours de présentation du rapport annuel du FMI, déclaration datant du 7 novembre 2019.

magique, mais sur la réalité concrète de la production, sur le travail mobilisé :

« Le pouvoir d'achat d'un pays dépend de sa capacité à produire des biens et services. »

Finissons avec celui avec qui nous avons commencé notre voyage au pays merveilleux de l'argent magique, à savoir Michel Chevalier. Prenant de nouveau la parole au Collège de France, mais cette fois en juillet 1871, à l'issue de « l'année terrible » que venait de traverser la France, il assurait que le pays pouvait rétablir sa prospérité, à condition qu'il respecte quelques règles qu'il résumait au travers de quatre mots : « travail », « épargne », « instruction », « liberté » !

TABLE DES MATIÈRES

MIXTE
Papier issu de sources responsables
FSC® C003309

L'éditeur de cet ouvrage s'engage dans une démarche de certification FSC® qui contribue à la préservation des forêts pour les générations futures.

Pour en savoir plus :
www.editis.com/engagement-rse/

Achevé d'imprimer en mai 2021
par Normandie Roto Impression s.a.s., à Lonrai
N° d'impression : 2101741

Imprimé en France